野球指導者バイブル

第1章　こんな指導者はダメだ

第2章 育成できる人への道

第3章 チーム作り

第4章
勝てる人への道

第5章
野球指導者ノート「365日の挑戦」を活用する

はじめに

全国のチームを指導する中で、様々な問題を指導者が抱えていることを肌で感じます。指導者と選手の間で信頼関係がない。父母会との間がうまくいっていない。教育者でありながらチームのお金を着服しているダークな指導者。毎年同じ繰り返しで最後の大会に負けている……。

全国的に野球人口が減っていると言われています。学校によっては生徒数が変わっていないのに、野球を選択する子どもたちが減っていると聞きます。少子化で減少傾向になるなら仕方ありませんが、野球に魅力を感じなくなって野球人口が減っていくのは寂しいことです。

野球人生のスタートは小学生という人が多いことでしょう。小学生の野球指導者は、親が監督をしたり地域のおっちゃんが指導者だったりします。正しい知識や育てる意識がないので、結果（失敗）について怒鳴り散らし野球が辛いものへと変わっていきます。親も送り迎えが大変だ、保護者間のやり取りが面倒だ、などの理由で野球をやらせないこともあります。

小・中学生の場合、チームの勝利よりも育成が大切になります。しかし、現実には投手を連投させて肩肘を故障させ、未来ある選手の可能性を奪っている人もいます。指導者自身の欲求を優先して、自分が勝ちたいからと無理をさせます。「俺は○○大会で優勝した」という、個人的な自慢のために選手を酷使していきます。

試合に出たくて無理をする選手もいます。指導者であれば選手が発する黄色信号を察知し、無理をさせないことも仕事です。前途ある若者を小・中学の年齢で壊してはいけないのです。

選手が体を壊したときに「仕方がない」「あいつが弱い」など本人の問題にして、指導者としての責任を感じない人も多くみてきました。

指導者としての成果（責任）は二つあります。

①選手を育てること
②チームを勝利に導くこと

この二つが揃って初めて指導者として成果を出せたことになります。選手を故障させて使い捨てで優勝しても、選手を育てられなければ成果を出したとは言いません。逆に選手個人は良い人間になったけど、大会で思い描く成績が残せなかった場合も成果を出したとは言い切れません。①②は車の両輪で、どちらかが小さくてもダメなのです。

ある指導者に「どちらを優先しますか？」と聞かれたことがあります。どちらかと問われれば、間違いなく①です。学生野球は、野球を通して人間的成長をさせていくのが最大の目的だと考えます。全国の強豪チームをみていると、②を最優先して①を軽視している傾向があります。逆に弱小チームは、①を優先するのは良いのですが②を出せずに「①ができているからいいのだ」と逃げています。

本来、人間力のある素晴らしい選手たちがいれば、正しいやり方（戦略を含む）で、中途半端な適当チームや能力野球をしているチームに勝てるはずです。そうならないのは、勝ち方を知ろうとしない（知らない）だけなのです。

選手を育て、試合も勝たせてあげるのが優秀な指導者です。地域に魅力ある指導者や素晴らしいチームがあれば、野球人口も増えていくことでしょう。生まれ育った土地に思い描く指導者がいないから、県外に野球留学するという流れになります。その地域で育った選手が、その土地で活躍して地域の方々を元氣にしていく。そして、結果的に郷土愛が育まれ、大人になってもその地域を大切にしていくようになればと願います。

本書では、学生野球で選手たちに何を持たせてあげるのか。限られた時間の中で選手を育て、今後の人生において生きる力をいかにつけさせてあげられるかを、分かりやすく書いています。

今まで一般には公開してこなかった、指導者に特化したバイブル。この本が、成果を上げる指導者に変わるきっかけになれば幸いです。

第1章

こんな指導者はダメだ

1 頭が固い

「昔はこの方法で勝った」と、過去のことを延々と話す人がいます。ちょっと力があればラッキーパンチは当たります。ラッキーパンチは相手が油断しているとき、自分の状態がこれ以上になくタイミングばっちりのときにヒットします。相手が強ければ、99回スカシますが、それでも1回は当たるのです。その偶然に近いミラクルヒット1回を「これで勝った」と思い込み、こうすれば勝てると勘違いします。

これというスピリット（考え方・こだわり・大切にしていること）を絶対に変えないのは良いことですが、やり方はその時に合わせて大胆に修正していくべきです。目の前の選手によっても微調整は必要で、カメレオンのように状況・状態を考え自分の言動を変えていく必要があるでしょう。

甲子園に初めて出場した指導者の場合、本当に難しいのは2回目以降の出場です。一発目はラッキーパンチが当たりますが二発目はかなり難しい。一発目には「超高校級の投手がいた」「抜群にレベルの高い打者がいた」などが多い。監督の力量で選手を育てたからではなく、何もしなくても良い選手がいたから勝てたというケースです。こういった場合は、「監督が邪魔をしなかった」から勝てたということもあるでしょう。

一度脚光を浴びれば天下を取ったような錯覚に陥り、俺が凄いと勘違いの階段を上がって行きます。拙著「準備力」にも書いていますが、指導者は小成功病という病にかかります。ひとつのラッキーな成果にしがみつき、これからがチームも自分も成長の本番なのに傲慢になり失速するのです。

打者が一発スタンドに放り込むと、次からスイングが大きくなりスランプになるのに似ています。ラッキーパンチが当たれば途端に謙虚さがなくなり「自分には能力がある」と勘違いしてしまうのです。傲慢になることで人の話を聞かなくなり、こうすればいいのだという凝り固まった人になっていきます。ラッキーパンチはきっかけでしかなく、それを糧にして飛躍しなければなりません。

過去出会った中で印象に残っている指導者がいます。北海道の野球史を大きく変えた駒大苫小牧高校の香田誉士史さんです。彼は、平成16年夏の甲子園大会で優勝をしました。その後、平成17年甲子園大会連覇、平成18年甲子園大会準優勝と成果を出しました。彼こそ勝った後に変化できた人です。勝てば全国の指導者がチームに学びにきます。質問を受ける側ですが、逆に質問をして良きものを取り入れていたのが印象的でした。

私もこの3年間、香田さんに携わりましたが、その進化の仕方は非常に面白かったです。生徒を指導育成するというスタンスは変わりませんが、やり方が少しずつ変化していきました。「このやり方」と固執せずに、良きものを取り入れたり、経験から学んで新しいものを導入したりしていました。

「なぜ、変化できるのか……」

勝っても完璧に自分の野球を貫けたと思っていないからでしょう。指導者は自分の理想を追い求めながら指導するものですが、勝ち進む中で「ラッキーパンチ」に必ず遭遇します。想定外の事柄が起きるのが野球です。ラッキーパンチをどう捉えるのか。本当に良かったと思うのか、まだまだと思うのか。本当の力ではないと捉える指導者は、「今回は良かったけど、次回はこうはいかないいな」と心に留めるはずです。

まだまだと思う指導者は、どんどん変化していけます。大きな目標を持っている指導者も理想が高いので小成功病に陥ることはありません。固定観念にがんじがらめになっている指導者ほど、目指しているところは低く意識もたいしたことがないのです。

今、行っていることがベストだと思っている指導者は頭が固いかもしれません。まわりの言葉が煙たく「俺のやり方が正しい」と思う人は、もうカチンコチンに頭が固いのです。

2 主役が自分

「主役は選手です」と言っている指導者ほど、自分中心の考え方をしていることが多い。大抵の指導者は、選手時代は主力選手でありチームの中心人物でした。そういう人は、大人になって指導する側になれば陽の当たるところに居たいものです。勝てば周囲からチヤホヤされて心地良くなります。最初は「選手のために」と思っていても、少し勝ち出すと昔を思い出して中心に居たくなってしまうのです。

人間は考えていることが言動に表れます。指導者が自分を主役に考えだすと、選手に対して乱暴な言葉や行動をとります。自分の指導力のなさから目前の選手が動けないでいるのに、「なんでできないのよ」と、選手目線のない言葉を使います。

試合では、指導者同士の戦いもありますが、その最前線には選手がいます。どんなに優れた指導者でも選手をモノのようにして扱い、軽視して試合に臨めば思うように選手が動いてくれずに「なんでよ」が口癖になることでしょう。

主役が選手と思えば、相手目線で理解できるように伝えようとします。しかし、残念な指導者は、自分目線でしか物事を考えることができません。

勝ち進んでいくことで、結果的に指導者が目立つことは仕方がありませんが、最初から自分が目立とうとするのは違和感を覚えます。周囲が面白おかしく「〇〇マジック」とか持ち上げることはあっても、自分から言う人は確実に自分が主役と考えています。

成果をあげて、講演などをする現役指導者もいます。経験したことを使って欲しいと周囲に伝える人からは学べることもありますが、多くは「俺が凄いんだ」と自慢話を延々とします。講演での話し方を観察していると、指導者と選手のどちらを主役と思っているのか一目瞭然です。

アマチュアの指導者はあくまで教育者であるべきです。選手（学生）を良い人間にするために導く大人であるべきです。「導く人」として考えると、必然的に主役は選手になるはずです。主役が自分になっている指導者は、教育的な導き方ができていないと言わざるをえません。

3 特別視する

選手がチームに入る経緯は様々です。特待生であったり、一般入試で入部してくる選手もいます。見たことのある選手（声をかけた選手）もいれば、初対面で情報のない選手もいるでしょう。高校野球の場合、中学時代に経験したのが硬式か軟式かを氣にする人もいます。主力だったのか控えだったのか、過去を重要視する人は今を見誤ります。

過去の経験はたいした問題ではありません。全国大会に出場したから大舞台に強いと勘違いする人はたくさんいます。でも、実際には、中学時代は控え選手に甘んじ、経験がほとんどない選手でも、高校で大活躍する選手はたくさんいます。

中学野球の指導者を考えてみると、残念ながら私の周囲にいる硬式指導者で、教育的見地に立っている人はほんの一部です。軟式指導者は、教師でもあり学校生活も一緒に考えているので「勝てばそれでいい」とならずに、教育の一環として野球指導している傾向があります。硬式の場合は身体能力の高い選手が多くいますが、素直さに欠けることも……。逆に軟式は「これから」という選手が多いのですが、野球選手が成長していくのに一番大切な要素である「素直さ」があります。高校の3年間で、選手としての能力が中学時代と大逆転ってこともあるのです。

色眼鏡で見てしまうと、可能性ある選手も埋もれていきます。スタートのときに選手の過去を重視する指導者は育てられない傾向にあります。今までダメだったので、これからもダメだと心の底で決めつけているのです。

メジャーで活躍している田中将大投手がいた頃の駒大苫小牧高校野球部では、監督が特定の選手に特権を与えることなく、「全員が同じ」という考え方で指導をしていました。チームの規律を乱す選手は主力でも罰せられたものです。

前大会で大活躍した選手が調子を落としていると、背番号すら与えませんでした。「調子の良い選手を使う」という徹底した実力主義を貫いていたのです。よって、誰も特別視しないので、前大会で主力だった選手は次に向けて必死になるし、前大会で控えだった選手も次は背番号を奪取してやると諦めることなく練習をしていました。結果的に、相乗効果でチームがボトムアップして、意識の高いチームとなり、夏の甲子園大会二連覇を成し遂げたのです。

「こいつはエースだから」「4番でチームの得点源だから」とチームのルールを乱しても見てみないふりをする指導者が多くいます。そんなことでは、主力は腐っていき、控えも「どうせ」とやる氣をなくしていきます。最終的に問題行動に繋がって、それをコントロールできなかった指導者は処罰されます。

特別視する指導者のチームは、いつも問題を抱え、仮に技術能力が秀でていても勝てません。

4 新しいものに飛びつく

勝てる（育成ができる）指導者と話をすると、なるほどなという考え方を持っています。普段は温厚な人でも、こだわっている話になると熱弁となります。

右に誰かがいれば流され、左に誰かがいれば流されていく指導者の場合、自分というものがなく、いつも新しいものを追いかけます。携帯電話でも、新しい機種が出るたびに目移りしてばかり。何かをじっくり使うのではなく、流行を追い求めるようなものです。

新しいものに飛びつく人は、いま目の前にあるものの良さに氣がつかない人でもあります。本当の良さを知る前に「次」を考えます。言い換えると本当の良さを感じ取れない鈍感な人。突き詰めるということをしないので、一度掴みかけたことも、簡単に手から放します。突き詰めていけば大きな宝になるかもしれないのですが、鈍感なので目前のことの重大さに氣がつかないのです。

私は、指導者は常に敏感であり、細かくあるべきだと思っています。元々細かい人であれば良いのですが、大雑把な人が細かくなるには限界があります。たとえ自分が大雑把でもチームの中に細かい指導者がいればバランスが取れます。すべてを自分でするよりもチーム全体で考え、互いに補いあうような人材がいればいいのです。

しかし、公立高校の指導者は数年ごとに転勤があります。転勤先で自分の弱点を補ってくれる人がいない場合もあるので、まずは自分が「敏感な人」になろうとする努力は大切です。

勝負をかけるときに、試合の風を読み「押すのか引くのか」を見分けられるかどうか。勝負師とは、相手の細かい表情動作を見極め、過去に起こったことや未来を感じながら判断・選択・決断できる人のことを言います。

こだわりがない人は、突き詰めて考えないので鈍感です。鈍感であれば勝負の神様からも見捨てられて、勝てる試合も落としていくことでしょう。

5 整理整頓できない

チーム指導をするときに、監督室に入ることもあります。監督室が乱雑で整理されていないチームは、選手も同様にだらしないという共通点があります。指導者が乱れているのに、選手に「お前らは片付けろ」とは言えません。監督が氣にしないことは選手も氣に留めません。選手は指導者の鏡なので、監督室に入ればすべてが分かります。

当たり前の実践の基本となる整理整頓は、野球の勝ち負け以前の「人として」成長するために何を差し置いてもこだわりたいことです。選手に指摘する前に、自らがきっちりやるべきですが、なかなかそれができていません。さらに職員室の机の上にも乱雑に書類が置かれ、「このほうが見つけやすい」と苦しい言い訳をする人もいます。見つけやすいかどうかではなく、使ったものを元に戻せない心がダメだと言っているのです。机の上だけじゃなく、引き出しに乱雑に押し込まれている紙、どこに何があるか分からないような状態には閉口します。

後回しにする心……。

ちょっとしたことも面倒に思う人が、選手を根氣よく育成できるのでしょうか。まず無理です。その人の姿が映し出される場所としては、監督室の他に「車」もあります。私は指導者と一緒に車で移動することもあります。そのときに、「ちょっと乱れていますが」というのは逃げの口上です。当たり前のことの実践を大切にしているのを知っていて、乱れている車に堂々と乗せるのは「私はダメ指導者です」と宣言しているようなものです。

監督室も車も、ちょっとしたことで改善できるのです。ゴミがあれば捨てること、必要なものがあれば整理して置くだけです。

99パーセントの野球選手は最初はだらしないものです。家庭の中で整理整頓ができていない選手は、部室やその他の場所でも同じように乱していきます。今までの習慣がそうなのですから、片付けや整理することが最初は得意ではありません。

不得意なことも、1年生のときから言い続けて実践させていると必ずできる人になります。指導者がこだわらないと選手はできる人になりません。部室をきれいにできない指導者は、「部室は選手の場所」と考え足を踏み入れることもしません。

落書きされている壁、脱ぎ散らかされた服、弁当箱は出しっ放しでゴミも散乱、玄関には乱雑に置かれている靴。それが当たり前になっているチームが、徹底した弱者の戦略を駆使できるのでしょうか。この本を読んで野球部の部室を覗き、愕然とする指導者は全国にたくさんいると思います。

6 責任転嫁

指導者で一番みっともないのは、勝てば「俺のおかげ」といい、負けたら選手のせいにすることです。「あのときに打ってくれれば」「あそこで投手が抑えれば」と、結果を出せなかった選手の責任にします。

選手が動けなかった責任は、指導者にあります。目の前の選手は毎日の練習によって作られ、指導者が普段使っている言葉によって今の姿になっています。しかし、試合になれば指導者は、どこかでいつも以上の動きを期待し、そうじゃなかったときに落胆します。

大差で負けたときは「仕方がない」で済ませますが、僅差で負けたときには何かに敗因を求めるものです。自分の戦略や起用については一切触れないで「あいつが悪い」となるのです。過去の流れや今までの指導を無視して、選手の責任にする指導者ばかりです。

責任転嫁を繰り返していると選手のやる氣も失せます。「どうせ俺たちが悪いのだろう」という考え方を選手が持ってしまうのです。選手は前向きに行動をしなくなり、結果を怖がることでしょう。「ここで動いて失敗すると怒られる」。必然的に消極的な動きをする選手が多くなります。

「負けたら（失敗したら）俺の責任である。お前たちは思い切って、失敗を恐れずに動けばいい」

これは、理想ではなく、あるべき姿です。負けたら選手の責任にして、勝てば自分の采配が良かったからと思っている指導者にはつける薬がありません。

7 プラス思考だけ

「とにかくプラス思考に考えること」

この言葉を真に受けて実践している指導者がいます。当然チームは強くならずに低迷を続けます。選手がプレーに対してマイナスイメージを持てば身体が動かなくなります。

「失敗したらどうしよう」

「ミスは許されない」

マイナスの言葉が主語になれば、動きがスムーズで無くなり、いつもと違う自分になります。そんなことは当たり前です。

私はプラスにもマイナスにも考えません。結果を考えずに「今するべきこと」に集中します。一方、選手はできないことよりもできることをイメージしたほうが良いと思います。

本当の弱小チームであれば「超プラス思考」で、どん底を抜け出せるものです。抜け出せたからといって、プラス思考を貫けば落とし穴にハマります。弱者の戦略の基本は、抜け落ちないことです。一つひとつ大事なことを頭に入れてプレーすることで、自分の動きを良くしていきます。プラス思考で「やればできる」だけを考えていると、そのときに必要なことを考えず頭の整理ができなくなります。

指導者が楽観的なチームは、足元をすくわれます。選手は楽観的であっても（捕手は除く）、指導者はマイナス思考を持っていなければいけません。マイナス思考があれば、準備を大切にします。試合の中でも、「もしかしたら……」と思うからこそ選手を細かく観察して兆しを掴もうとします。プラス思考が強ければ、希望的観測で物事を判断し見てしまいます。現実的ではなく、できないことを選手に要求します。

世界チャンピオンになるボクサーは、普段はマイナス思考だと言われます。防衛を重ね周囲から最強だと言われていても、試合前は震えているのです。マイナス思考で負けることに敏感だからこそ、今を大切にします。これでは足りない、もっと質の良い練習をしよう……。ビビリだから準備を確実にしていくのです。

リーダーは、プラスとマイナスの両方の思考を持ち合わせておくことが大事なのです。選手と一緒にプラス思考になってはいけません。根拠のない「やればできる」という言葉は、ある程度のレベルでしか使えないのです。

8 どうせダメ

「今の選手は能力が低いので勝てるわけがない」
「今まで勝てなかったのだから今後も勝てない」
「この程度だろう」

ある指導者が「目標は県大会ベスト8です。チームの実力を現実的に考えると妥当だと思うのですがどう思われますか」と聞いてきました。私は即座に「NO」と言いました。この現実的という言葉は、何を基準に言っているのでしょうか。今から何の上積みもなければその通りになるのでしょうが、これからの良質な積み重ねによっては周囲が考えられないくらいの高い目標までたどり着くかもしれません。目標は高すぎるといけないという指導者は多いですが、それは、かなりの勉強不足です。

「○○大会優勝」

大きな目標を掲げることで意識が変わります。意識が変われば行動も変化していきます。大きな目標を持ちながら本氣で積み重ねていけば、自己成長は約束されます。結果的にその目標まで到達しなくても、成長しているので目指した意味が出てきます。

低い目標を掲げれば、低い目標なりの言動になります。

現実的に背伸びして手が届く目標であれば、今までの自分を変えようとは思いません。ちょっとの変化で大きなものを手に入れようとしても無理があります。結果的に小さな目標をクリアしたとしても、大きな自己変革は期待できないのです。

チーム指導のとき、最初に必ず目標を聞きます。目標が低ければ再考させます。一番になるという大きな目標だからこそ覚悟を持ちます。覚悟を持ちながら練習すれば質も上がって行きます。大きな目標をクリアしたら次はもっと大きな目標を掲げるのです。

大学ラグビーは、帝京大学が2016年1月の大学選手権大会で前人未到の7連覇を達成しました。帝京大学の目標は、同じ大学に勝利することではありません。大学よりも遥かにレベルの高い社会人チームに勝利することです。高い目標を目指すなかで、他大学との試合は常に圧倒的な勝利を収めます。

野球でいえば、高校野球チームが大学チームに勝つのを目標にしているのです。

9 その場しのぎ

良い指導者は今を見ながら先を考えます。先を意識しながら今を充実させていきます。簡単にいえば計画のできる人が成果を上げていきます。

行き当たりばったりの行動をし、無計画で毎日を積み重ねても、本当の力はついていきません。夕方になり、「今日は何の練習をするかな」と考えている人は終わっています。

導ける指導者は、土日の練習試合で出た失敗を振り返り、何がまずかったのかという課題を、選手とのミーティングで洗い出します。ミスが起こった原因を、平日の練習で徹底的に突き詰めていきます。これが指導者としての本当の姿です。

しかし、試合の振り返りもせずに、「今日は何をしようかな」と適当にメニューを組む人が多く存在しています。計画もないうえに、なぜ今それをするのかという根拠もありません。特別な練習メニューは必要ないと思いますが、同じ練習をしても「何を意識するのか」は大切です。何を意識するかを明確にすると、選手の練習への取り組み方や姿勢が変わります。

指導者は、プロ野球やノンプロで何年も選手としてプレー経験があるわけではありません。指導者になってからの失敗が経験となり、次への糧になっていきます。自分の経験から学ぶこともあるでしょうが、他の指導者の言葉や、本などから学ぶのも必要です。

「名選手に名監督なし」

有名な言葉です。経験が乏しくても立派な指導をする人はいます。経験がないからこそ、どうしたら強くなれるのかを真摯に考え追求していきます。謙虚な姿勢で教えを乞うて、自分のチームに還元しようとします。無計画な指導者とは違う人種のようです。

何をすればどこが改善するのか。

結果の出やすい打ち方・投げ方・守り方・走り方とは何なのか。

導ける情報やノウハウ、そして考え方を持っていない人ばかりです。簡単に手に入るものにたいしたものはありません。ある程度の時間やお金をかけて、もしくは自分の足を使って勝ち取るような氣概がなくてはいけません。

10 選手ないがしろ

私がサポートしているチームの練習試合を観るときは、試合を観ながら私が課題点を見出します。勝っても負けても夏を見越した課題を洗い出すのが練習試合です。質の良い課題を出すためには、試合前に「何を意識し、何をしようとするのか」を考えることは重要なポイントとなります。

明確な方向性を、指導者と選手が理解をすること。実際にできないかもしれませんが、頭で理解してからプレーすることは大切です。できなかった理由は、意識の部分に問題があったのか、もしくは技術的な問題なのかどちらかです。試合前の時間は、選手がウォームアップ、キャッチボールなどをしてから、お互いのチームがシートノックをします。指導者は、対戦校の監督さんとシートノックまでの時間を談笑しています。私は何度もこの談笑タイムを経験しました。

相手が他県強豪校の場合、自分の県の強豪チームと練習試合をしている場合があります。ライバルチームの情報を聞き出して情報管理するには良い時間です。

しかし大抵は、対戦相手のことを聞いたり世間話をしていて、何の意味もない時間にしています。私が監督であれば、ライバルチームの情報は試合が終わってから聞き出します。チームの振り返りは試合終了後にじっくりやればいいので、試合終了後は相手監督との話をまずは優先します。

試合前は、相手に失礼のない程度の挨拶を済ませ、選手のウォームアップに近づいていきます。選手の動きをみて、積極的に声もかけることでしょう。何を意識させるのか、何を選手に求めるのか、大きなテーマは何なのか。試合前に整理することはたくさんあります。特に登板する投手のブルペンでの様子はよく観察します。観察するだけでなく、試合前にあえてプレッシャーをかけるなど駆け引きをします。

時間はあるようでないのです。試合中でもイニング間で選手と会話はできますが、円陣で指示できる時間はおおよそ40秒程度。野手が全力疾走でベンチに戻ってこないチームはもっと時間は短くなります。短い時間で選手にたくさんのことを伝えるのは無理です。試合中は、具体的な指示が少し、あとは精神的方向性の話ができるかどうかです。

やはりスタート前に入念なやり取りが不可欠です。どんな強豪チームとの練習試合でも自分の選手を優先して考えるのです。

指導者同士の話では聞きたいことを聞きますが、逆に「なぜこんなことをしているのですか」と質問されることもあります。全力でとぼけるべきでしょう。目前の指導者に自分たちの情報を漏らせば、必ずどこか別の場所でその話をするはずです。相手から情報を引き出す努力はしますが、自分たちの情報は漏らさないのが情報戦の鉄則です。

「こんなことをやっています」と、自慢話のようにペラペラ話す指導者がいますが、自分で自分の首を絞めているようなものです。まったく敵じゃないという相手でも、情報への意識は高く持っておかなければいけません。

弱者の場合は試合前にいかに優位に立てるかが問題です。技術や能力では勝てないのですから、どんな小さなことでも勝てる要素を積み重ねていくこと。情報は、引き出すけど漏らさない。卑怯なようでも弱者の戦いの鉄則です。

11 何でも自分

成果を出すときに必要なことは、集中することです。一度にたくさんのことをしながら集中することは難しい。どんなに優秀な人でも、ピンポイントで集中し、取り組むべきです。過去、私が携わった甲子園のサポートでも、役割分担がしっかりできたチームは成果を上げています。

例えば、監督の役割は試合についてと部外対応。部長は選手の体調管理と様子の観察や、マスコミなどの部外対応。チームアドバイザーの私が相手チームの分析と戦略と選手のメンタルコントロール。三者の中で役割的には私が一番多いと思われるでしょうが、これが一番良いスタイルです。私が初めて甲子園帯同したときに、監督と部長の役割が多いことに驚きました。特に監督は部外の方々とのやり取りがたくさんあります。監督の部外対応は蔑ろにできないので、最小限にしつつも外出することも多くあります。

監督と部長が、相手チーム分析（把握）や戦略、選手のメンタルコントロールまですると間違いなく中途半端になるかパンクします。自分がしたいこと（成果を出すために必要なこと）に集中することは難しくなります。

しかし、外部に役割を切り出すには勇氣が必要です。成果を出すために必要な事柄を外に出すのですから、余程の信用がなければできないでしょう。この例は私が甲子園の大会サポートをしたときの話ですが、普段のチーム運営も同じだと思います。

監督が部長を兼任して、実質ひとりでチーム運営している場合は仕方ありませんが、部長やその他の顧問もいるのに、すべてをひとりでしたがる監督がいます。当然、指導者同士でいがみ合いギスギスします。言いたいことがあっても言えないような空氣になり、言うならば独裁政治のような感じです。

教え子だった選手が教師になり、現在はスタッフになっているチームもあります。その場合、教え子だったということで監督に対して何も言えず、現役のときと変わらず怖い人というイメージのままです。監督は「何でも言いなさい」と言いつつも、言いにくい空氣を出しています。

そこには、教え子に指摘・指示されたくないという心が表れています。この時点で心が狭い指導者です。自分のノウハウを後進に伝え、「自分を抜いてくれ」という感覚がないのです。いつまでも自分が座っている椅子にしがみつき、教え子さえも陥れて地位を確保しようとします。甲子園で名将と言われている人ほど、「次」を育てられない傾向があります。

ある程度の年齢になって勇退したのにチームが低迷して復帰するパターン。若手を育てていないから、もしくは今まで有能な人を排除してきたから人材がいなくて戻らざるを得なくなります。

監督のやるべきこと、部長のやるべきこと、その他顧問のやるべきことを役割分担しているチームは本当に少ない。人数が多くなればなるほど監督がすべて把握することは不可能です。チームルールについては、指導者だけではなく選手同士で確認する仕組みにしなければいけないし、指導者スタッフ全員が機能するような流れにしなければいけません。

指導者の役割は、それぞれが重複することはあると思いますが「これについては俺が担当」というように責任の所在を明らかにするべきです。プロ野球のコーチも複数いますが、投手コーチ、打撃コーチ、全体をみるヘッドコーチなど役割分担がされています。

高校野球は基本的に監督と部長の二人で運営しますが、部員が多ければ、部外からOBなどが土日に手伝ってくれるパターンもあります。監督の役割をシンプルにし、抑えるところは抑えながら細かいものは周囲に分担するほうがよいのです。

監督が何でもやるようでは、自分の力が分散して精度も落ちていきます。ちょっとした問題に氣づくことなく、取り返しのつかない大きな問題に発展することもあります。周囲を見渡し、全体を把握しなければいけない監督が、周りを見ることのできない環境に自分自身でしているのです。

誰かに任せるということは、簡単なことではありませんが何でも手に持とうとするといっぱいになって何も持てなくなります。それでも持ちたがると新しいものを持っても、古いものは手から滑り落ちます。

勝てない（能力の低い）人ほど自分で持ちたがります。勝てる（能力がある）指導者ほど、自分でできるのに周囲へ役割分担します。賢い選択であり、自分の力を発揮するために必要なことを大胆に行っています。

自分で何でもしようと思う指導者は、成果を考えるよりも自分のプライドを考えている人です。

12 とにかく勝つ

強豪チームになれば、練習試合の対戦相手もそれなりに強いチームになります。他県の強豪とも対戦するので、相手は「好投手と対戦したい」と思うものです。

土日に試合をする場合、土曜日にエースが登板し、翌日もエースが短いイニングで連投するケースがよくあります。学生は指導者に対して「投げられません」とは言いづらく、「行けるか」と言われれば「行けます」と応えます。

そうしているうちに疲労が徐々に蓄積し、肝心の夏の大会前には故障寸前の状態で臨むことが多くあります。私が関わっていたチームでも、3年連続、夏大会でエースが故障していたというケースがありました。当然、予選敗退という結果になりましたが、投手を夏の大会に良い状態で出場させようと本氣で考えている指導者とはいえません。

相手監督へ配慮し、自分のチームのことを後回しにしています。私ならどんなことがあっも自分のチームを優先させます。親御さんに選手を任され、教育の一環として指導をし、大きな目標に向かってチームを作って個人育成をしているのです。結果的に相手に対して失礼になったとしても、自分のチームの選手を守ることが指導者の責務でしょう。

練習試合の目的（狙い）は、勝つことではありません。やるべきことを明確にして、それがどの程度できていたのか、結果を出せなくても意識してプレーできたのかなど、次に成長していく課題を洗い出すことです。内容がスカスカでは、勝っても次には繋がりません。

練習試合で強豪に勝ったとして、何の自慢になるのでしょうか。「せっかく来ていただいているのだから恥ずかしい試合はできない」とエースに連投させるのは、レベルの低い考えの指導者です。

例えば、土曜日の試合で、投手が打ち込まれ指導者の頭に血が昇ると「翌日も行け」と烈火の如く怒ります。すると、翌日の登板は怒られないようにと、選手はいつもより力んで投げることでしょう。投手は試合前に30～50球ブルペンで投げます。そして試合では1回平均15球。試合は練習よりも氣が入るので疲労感も増します。

感情先行型の指導者は、投手の肩肘を考えるよりも自分のメンツや感情を優先します。

投げさせすぎて疲労をためると、間違いなく後にしわ寄せがきますが、そんなことはお構いなしです。戦力的に勝負できるチームでも、夏の本戦で勝ち抜くだけの余力を投手陣に残せない……指導者失格です。

1日2試合で1試合は主力が出場します。2試合目も主力を出場させるのは大反対です。経験をさせるという目的があるかもしれませんが、勝てるチーム作りを考えると1試合目に出場した選手は2試合目に見て学ばせるべきです。見ながら全力でサポートすることも学びです。自分ができなかったことを冷静に見ること、全力で控え選手を応援すること、相手を見ながら観察力をつけること。試合に出ないことで色々な力がついていきます。

主力には1回でも多くイニングを経験させて成長させるというナンセンスなやり方をしている指導者が多い。しかし、出場したいけど我慢する……この我慢が次への爆発に繋がり、少ない機会で集中してプレーしようと考えることでしょう。ミスをしても何度でもチャンスがあるという環境では、集中力が上がらないだけではなく、ひとつのプレーに対する取り組み方もよくなりません。

練習試合はあくまでも育成の場所です。育成よりも勝つことを選択して、控え選手のチャンスを奪っていることもあります。

あと氣になるのは試合数です。中学軟式野球では1日3試合、強いチームは年間120試合をオーバーするチームもあるようです。野手は大丈夫だと思いますが、投手と捕手に関しては投げ過ぎが原因で故障する確率を上げています。

とにかく試合がしたい指導者は、積極的に野手を登板させるべきです。野手を登板させるということは、野手の球数管理も疎かにできません。野手だから大丈夫というわけではないのです。

試合を多くする理由のひとつに、指導者が楽だからというのがあります。練習は指導者が選手に様々なことを教えるので心身ともに大変です。しかし、試合はベンチにドカっと座っていられるので、楽といえば楽です。

練習試合で常に勝とうとする指導者ですごい人に会ったことがありません。わざと負けなさいと言っているのではなく、結果的に選手の力を試しながら勝つ場合は問題ないのです。

無理な選手起用をして主力だけで戦い、目先の勝利だけを考えて試合をすることはナンセンスだと言っているのです。

13 ポイ捨て

自分の下で野球がしたくて学校を選択してきた選手が、最終的に進路を決めるとき、どのように対処するのでしょうか。素晴らしい指導者は、選手が思い描く進路に向けて一所懸命に道を切り拓こうとします。系列附属高校の選手の場合、同じ系列大学への進学を希望したりするものです。能力のある選手であれば、大学側も「当然来るだろう」と考えるでしょう。

違う系列の大学に行きたい……。

系列以外の進路に進ませるのは、指導者としては大変なことです。自分の信用を傷つけるものかもしれません。選手の進路を真剣に考え面倒をみる指導者は、選手から見て本当の師といえるでしょう。入学から卒業まで面倒をみるということが正しい指導者の姿です。入るときは良いことばかり言って、出るときはポイ捨て的なお粗末な対応……。

部長に進路を一任する。こんなことは有り得ないことです。監督としては失格です。監督としての責任を放棄しているようなものです。監督もしくはチームを慕って入部してきた選手に対して進路を切り拓いてあげられない。当然、進路に見合った選手の実力は必要ですが「こいつはもっとできるはず」と思えばハードルが高くてもねじ込むことでしょう。

私が知る素晴らしい監督は、最後まで面倒見が良い。たとえ、自分にルートがなくても作ろうとするし、最大限の努力をします。

「そこまでするのか」と驚く指導者がいる反面、「その程度のこともしてあげないのか」と閉口する指導者もいます。部員数が多い場合は、1学年30人以上になります。一度に30人の進路を導いてあげるのは大変なことです。

進路の面倒を見きれないのであれば、そんなに入部させなければいいと思います。自分ができる範囲内で入部させるべきです。

14 結果に怒る

「フライを上げやがって！」

「なんでボール球を振るのか！」

「あんな打者に打たれるか！」

「あそこで四死球はないだろ！」

など、試合中に結果に対しての罵声を浴びせる指導者がいます。


未熟な指導者は、反射的に結果について怒ります。

未成熟な選手に対して「失敗は許されない」という態度を見せると、身体は萎縮し動かなくなります。感情をあらわにベンチで吠えている指導者を見ていると、見苦しく思います。目前の選手を作ったのは自分自身です。自分の育成がまずかったのに、選手に結果を出せと言っているのです。乱暴な考え方です。

あるべき指導者の姿は、常に出た結果を自分の責任と考えることです。そこでストライクを入れられるように普段から指導できなかった。ストライクの見極めができるようにしてあげられなかった。自責にするのが本来の姿で、選手のせいにして怒鳴りつけるのは間違っています。

少年野球の指導者に多いのですが、「いつも言っているだろ」と言葉を荒げる人がいます。いつも言っているのに動かせきれないのは誰の責任でしょうか。怒りの矛先が間違っています。少しだけ良い結果を描くのがベストですが、野球選手はどうしてもマイナスの結果が頭をよぎります。結果を考えるといつもの動きができなくなります。学生野球は結果を描くよりも、やるべきことや、考えるべきことに全力で意識を集中すると身体がスムーズに動くようになります。

監督が怒れば怒るほど、選手は結果にビビリながらプレーします。どんなに技術能力を持っていても、心が後ろ向きになれば持っている力を発揮することはできません。

言葉にしなくても表情や態度に出す指導者もいます。「ほら……」「あーあ」という表情、罵声を浴びせることと同じです。萎縮させて良いことは何ひとつありません。

失敗には原因があり、その原因を改善すればできない選手も将来できるようになります。

感情的になって良いことはひとつもありません。

戦略的に選手との駆け引きで叱るときはあります。選手の意識を高めるときには、戦略的に叱ることもあります。

「感情的に怒る」

「戦略的に叱る」

似て非なりです。結果に対しては、前者の感情的なことがほとんどです。選手を動けなくしているのは指導者なのです。

失敗をして即交代というのは、よく見かけるシーンです。

ミスを連鎖的にやりそうだ、というときには交代も仕方がありません。チームが勝利を目指している本番の試合であれば、勝利優先で様々なことを考えるのが監督です。

戦略的ではなく、監督が頭から煙を吹きながらの交代です。感情先行で交代を告げてはいけません。交代して「試合が終わるまで走っていろ」と罰走までつけるなんてもってのほかです。この文章をみてハッとする指導者もいるのではないでしょうか。

15 保護者と衝突

選手の保護者は、自分の子を中心に物事を考えます。保護者のモラルが著しく低下していると感じることも多々あります。本当にひどい指導者もいるので、どちらが悪いとは一概に言えませんが、ここではある程度まともな指導者という前提で話したいと思います。

指導者の大きな悩みのひとつに「保護者との距離感」があげられます。過去、知っている指導者が保護者のクーデターによって解任に追い込まれたこともありました。その人は、感情的に何かをするのではなく戦略的に選手と接しているまともな指導者です。

こんなことは許されない、あんなことは許されないことだ……。保護者が吠えます。

何か起きたとき、指導者が保護者に発する第一声が重要です。隠蔽しようとしたり、ごまかしたりしようとすれば大きくこじれていきます。普段からのコミュニケーションが取れていない関係であれば、保護者は疑心暗鬼になり、たいしたことでもないのに過敏に反応します。

指導者と保護者の距離は、小中まではとても近い位置にいます。ところが高校になれば途端に距離が遠くなります。ここで不安になり、いらない心配もするのです。近すぎても、遠すぎてもいけない距離感。過保護な親が多いので小さなことに過剰反応するのも現代の特徴でしょう。指導者の勉強会である秘密塾（※注1）では、保護者との距離感について話します。保護者と良い関係にある指導者は、定期的に自分の考え方をプリントを通して保護者に伝えたりしています。

選手向けの考える野球ノート（※注2）には保護者記入欄があるので、1週間に1回、文字でやり取りもします。保護者とのノートのやり取りで関係が大きく改善したチームはたくさんあります。良いガス抜きになっていて、保護者の不安解消にはもってこいです。

コミュニケーションは回数が大切です。1年に1回だけ良いこと言っていても信頼関係は結べません。疎遠にならない程度のやり取りが必要なのです。指導者が上手にやっていて急に解任とはなりません。監督を解任される人は、往々にして脇が甘い。うまく行っているときに油断して寝首をかかれるか、ダメダメ運営をしていて必然的に失脚するかのどちらかです。いずれにしても徐々に不満分子が大きくなり、あるときに爆発するものです。

16 言葉が少ない

「そんなことは言わなくても分かっているだろ」

性格的に寡黙な指導者は多くいます。しかし、言葉にしなければ分からないこともあります。大人同士でも意思疎通は難しいのに、年齢の離れた若い選手が相手であればもっと丁寧にやり取りをしなければいけません。

選手とうまくやっていけない指導者は、一方通行のコミュニケーションをします。相手のレベルに合わせず、自分が分かる言葉を使います。

一度言ったら相手が、すべてを理解したと勘違いし、「話した＝伝わった」と思い込みます。大事なのは伝えたかではなく、伝わったかどうかです。伝わるということを言い換えると理解したということです。

野球の練習でも、ミスが起きて指導して「一回言ったので理解しただろう」と思っている指導者は、お話になりません。繰り返し、繰り返し、粘り強く色々な角度で伝えることでようやく伝わるものです。

人間は忘れる動物です。記憶として、知識として、自分が体現できるものにするには時間がかかります。習得への道は細く険しいものです。

あるチームでは、私が指導したときに「はい」というやり取りを禁止しています。選手の「はい」ほど、あてにならないものはありません。「はい」と言っている選手に、「何が分かったのか」と聞くと、「………」ということがたくさんあります。つまり、「はい」は理解していることにはなりません。

「どこまで理解したのか」と問いかけ、分かっている場所まで戻ってもう一度伝えます。未来に繰り返さないように、抜け落ちないような選手とのやり取りが求められます。

私は選手とのディスカッションがあったときには、伝えたことを選手に反復させます。「今後は、○○を意識して動くようにします」と、私がアドバイスしたことを自分なりの言葉（表現）で繰り返させています。

言葉が少なく、選手は分かっていると思い込んでいる指導者は、最後の最後に「えっ、こんなことも理解していなかったのか」と愕然とします。指導者としてのコミュニケーションがどうあるべきなのかをしっかり考えなければいけないし、伝えることは丁寧に行うことです。

17 言い方が悪い

選手と接するときに、指導者は様々な言葉を使います。多くの指導者と接してきましたが、「うまいな」と思う人もいれば、「そりゃ嫌われるわ」という人もいます。

たとえ嫌われても、選手が活躍し成長すればそれで良いと思います。嫌いと信用とは別の話なのです。選手は嫌いという感情を持っていても信用はしているというパターンがあるのです。

褒め方が下手な人は、皮肉っぽく褒めます。素直に褒めれば良いのに、ひと言多いのです。褒めるときは、回りくどく言うよりもストレートに絶賛すれば良いのです。

寡黙でなかなか褒めない指導者もいます。それでも良いと思います。たまに褒める1回が強烈であれば効果ありです。それならば、褒め方は大袈裟であるべきです。褒めるということは認めるということですから、選手もやる氣がアップしていきます。

叱るときも叱り方は大切です。必要なことはしっかり伝わるように言うべきですが、ねちっこい言い方はよくありません。言い方を間違えると、「自分のことが嫌いなんだ」と選手は勘違いします。成功に導くために叱るのに、信頼関係を崩壊させるような言い方はいけません。

私は結果に対して叱ることはほとんどありません。チームのルールや規律を乱したときは選手に厳しく接します。若い頃は失敗の連続です。失敗を糧にするために、叱り方は重要になります。本氣で叱ることで、選手は心の底に刻むことでしょう。

皮肉っぽい言い方やねちっこい言い方は必要ないのです。

裏表なしでストレートに選手と接する方が、成果を出しています。

18

大人のごたごた

チーム内で大人のごたごたがあれば、下にいる選手も落ち着きません。監督と部長の仲が悪いチームを指導したこともありますが、選手はその争いを冷めて見ています。いい大人なのだからしっかり話して役割分担すればいいのに、お互い意地を張っているようでは改善しません。

監督が年下で部長が年上のパターンは厄介です。年下であっても監督は組織の長。部長が前に出すぎると組織は迷走します。監督が部長に対してはっきり言えばいいのですが、それができない弱い監督は陰で不平不満を言うだけで改善できません。

「年上だから言えない……」。監督が部長の顔色をうかがいながら選手指導しているなんて異常な事態です。選手は敏感に空氣を察知します。大人同士がいがみ合っていれば、選手に発信する言葉も統一されません。

「監督はこう言っているけど、部長はああ言っている」

センスの良い選手は無駄なものを捨てて有益なものを取り入れますが、まじめな選手は大人の言葉を真に受けるので悩み苦しみます。一つに集中できないので、能力を発揮できずに終わります。

ナンセンスな監督がいて、その下に素晴らしい部長という場合もあります。無能な監督ほど自己主張が強く、無駄なプライドを持っています。過去の小さな成功をいつまでも自分の中心に置いて、変化できない人です。部長が前に出れば面白くなく、すべて自分がと考えています。同じ仲間なのに嫉妬して部長の足を引っ張ろうとします。こうなると味方なのに敵状態です。

お家騒動が激しくなればチームが勝つよりも、自分の立ち位置をキープするのに力を注ぎます。選手が育つわけがありません。

風通しが悪ければ、お互いの不満分子は大きくなりいつしか修復不能になることでしょう。私学などは教え子がコーチになる場合が多い。監督から歩み寄り、言葉を交わしやすい環境を作るのが大事なのですが実践できていない人ばかりです。また、選手に意識が向き過ぎで、足元にいる近しいコーチには配慮が欠けていたりもします。

第2章

育成できる人への道

19 信頼関係を結ぶ

読んだ！ □

選手と信頼関係を結ぶことは何よりも大切です。信頼関係があれば、厳しく接しても選手は受け入れて乗り越えようとしてくれます。しかし、信頼を勝ち取るために最初から選手の言いなりになるのは違います。ここではスタートのときに大切なことを紹介しましょう。

就任してすぐは、とにかく選手の話を聞くことです。話ができるような空氣を作り、選手との相互通行の流れにするとよいでしょう。選手は「話を聞いてくれる」と思うだけで安心するものです。たとえ話したことが実現しなくても、聞いてくれたという事実は絶大な効果を上げます。

組織に入ったばかりの新入生、新しい監督と接したときの選手というのは、とにかく不安なものです。互いに探り合いをするよりも対話をする方が賢い選択です。対話することは簡単と思われがちですが、実は相当な忍耐が求められます。

こんな意見を言うのか……。
こんなことも知らないのか……。

選手の言葉を聞くと愕然とします。精神年齢が低いと感じることもあるし、すぐに「こうだ」と言いたくなることでしょう。しかし、最初は相手の考えを修正するよりも信頼関係を結ぶことの方が大切です。話を聞くこと、会話をすることでスタートの信頼関係は案外容易に結ぶことができます。選手がスタートで構えているところ、彼らにとっては想定外の話があれば、怖そうに見えていた指導者に対するギャップを感じるはずです。そうすれば指導者の流れになることでしょう。自分の流れにもっていくのは、信頼関係を構築してからです。

一方、ダメな指導者はスタートでなめられないように威厳を示します。威厳を示せば示すほど選手の心に殻が作られます。まずは自分の懐に選手を入れるような、または選手の懐に入っていくようなイメージを持つことが大切です。

最終的に信頼関係を結べたとしても、やはりスタートから信頼しあえる方が、時間のロスが少なくなります。限りある時間の中で育成していくのですから、指導者は常に時間を意識したいものです。信頼関係がないのに厳しくすれば、反発して崩壊します。表面上反発しなくても不満分子は水面下で大きく膨れ上がっていきます。
伝えたいことが伝わらないような空氣に自らすることはもったいないことです。

やってみる□ 聞くことに重点を置いて選手と対話する

20 そこまでやるか

読んだ！ □

指導者ができていないことを選手にやれといっても、言葉に説得力は生まれません。監督室が乱れているのに、選手に「整理整頓をしなさい」と言っても言葉が虚しく聞こえるだけです。

自分が先頭に立って見本になることは、選手の信頼を勝ち取ります。言行一致となるように、選手に求めることは指導者も完璧にやるべきです。

ここで大事なのは、「そこそこ」ではいけないということです。「えっ、そこまでやるの」と選手が感じるくらいに実践することです。

日本の海軍軍人、最終階級が元帥海軍大将だった山本五十六氏。彼の名言を監督室に戒めとして貼っている指導者もたくさんいます。

やってみせ
言い聞かせて
させてみて
誉めてやらねば
人は動かじ

この言葉には続きがあります。「話し合い、耳を傾け、承認し、任せてやらねば、人は育たず。やっている、姿を感謝で見守って、信頼せねば、人は実らず」

最初の「やってみせ」が率先垂範です。選手に求めるよりもまずは自分が丁寧に実践することです。続きの文面にある「話し合い、耳を傾け」も、スタートのときの信頼関係構築に必要なことです。

監督は特に次の3箇所を整理整頓するべきだと考えます。

1つ目は、監督室。監督室は、練習試合のときの食事など他チームの指導者や審判も入ります。迎え入れるという感覚のある人は、しっかりと整理整頓をすることでしょう。整理整頓が苦手だからと言い訳をするのではなく、自らの周辺を整えたいものです。選手やマネージャーではなく、自分で整理し、背筋が伸びるような空間にすべきです。

全国各地で監督室に入ることもありますがとにかく物が多い。ここになくてもいいだろ……という物が、所狭しと置かれています。そして驚くくらいに埃がかぶっています。拭き掃除などしていないのでしょう。

よく見かけるのは過去の集合写真です。集合写真は、年とともに増えていきます。「甲子園に出場したときの代です」などと説明してくれる指導者もいますが、過去は、過去です。今は目前の選手と真剣勝負するべきです。「いまここ」を大事にするならば、過去をいつまでも引きずってもいけません。

また、誰かからもらった色紙も多いです。有名な指導者であったり、プロに入団した教え子のものなどちょっとした自慢になるものです。誰かが来て話のネタになるでしょうが、監督室に掲げる必要はありません。飾るなら、今目指している野球を表現した言葉がいいのではないでしょうか。

私の場合、武田信玄騎馬軍団の象徴として常に陣頭に掲げられた「孫子の旗」の文字を貼っています。

疾如風
徐如林
侵掠如火
不動如山

孫子四如の旗、または風林火山の旗と言われていますが、これが今、私の目指している方向を示す言葉です。

余計なものを排除して最低限の物を置く。まずは、監督室の断捨離をするとよいでしょう。

2つ目は、職員室の自分の机、もしくは職場の机です。

中学・高校の指導者は教師が多いと思いますが、職員室を見ると愕然とします。乱雑に置かれた紙、山積みになっている教科書や本。机の上だけじゃなく、机の中はさらに壊滅的です。

職員室には選手も生徒も入ってきます。収納できない人は、収納術の本でも読んでノウハウを学んだほうが良いでしょう。大抵は捨てて良いものを捨てずにいるから物が増えるのです。

学校の職員室は本当に乱れていると思います。これが教育者かと愕然とするほどです。野球の指導者の中には教師じゃない人もいます。社会人野球やプロ野球、学生野球でも部外から教えている人もいます。中学硬式野球などは、一般の方々がほとんどです。

一般企業になれば、危機管理で整理整頓をしいるところもあるので、学校の職員室みたいに乱れていることはありません。帰宅時には机の上に物を置かないというルールがある会社さえあります。

学校の常識は、一般常識から少しかけ離れています。あれだけの確率で机が乱れているのは教師の世界だけです。職員室（職場）の机の整理整頓も徹底的にしましょう。

３つ目は、自家用車です。

私は、サポートチームの指導者の車に乗ることがあります。車を見るとその人が見えてきます。車のサイズや種類は興味がありませんが、気になるのは車内が整理整頓されているかです。子どもが小さい人など、車の中に余計なものを入れている場合がありますが、使うときに乗せて、降りたときに持ち帰ればいいのです。

「置きっぱなし」

面倒臭がって「後回し」にすれば乱れが積み重なっていきます。ゴミも「そのうち」となればどんどん溜まっていきます。都度、後始末をしっかりするような習慣が必要です。

誰かを乗せるからきれいにするのではなく、普段から整えておくべきです。「ちょっとお待ち下さい」とトランクを整理してから私の大きな荷物を乗せる人もいます。タクシーのトランクは99％空です。お客様の荷物を乗せるのですから当然とも言えます。「ちょっと待ってください」と、トランクを整理する1％のタクシードライバーはプロ失格です。

みなさんはタクシーの運転手ではありませんが、いつ誰を乗せてもいいような備えはしておきたいものです。

無駄なものは置かない。
必要最低限のものだけを置く。
使ったら、必ず元に戻す。

整理整頓の基本は、時間の確保です。物を使って戻すまでの時間を意識すると良いでしょう。いつも時間に余裕のない人は、ギリギリ行動になるので片付ける時間がありません。

そして「後から……」となり、忘れていきます。整理整頓ができない人はタイムマネジメントができない人（計画できない人）です。いつも、その場しのぎになり、焦って余裕がなくなります。そんな指導者がチーム（組織）を勝利に導くことができるでしょうか。

指導者は選手の細かいことをしっかり見て、ちょっとした違い（兆し）に氣づきたいものです。整理整頓ができなく鈍感な自分であれば、育成はままなりません。

監督室、自分の机、自家用車。この3箇所を特に整えましょう。選手に求めるためには、まずは自分から「そこまでやるか」というほどの徹底的な実践が必要です。

やってみる□ **監督室を断捨離してきれいにする**
やってみる□ **机の中まできっちり整える**
やってみる□ **車内清掃を完璧にする**

21 厳しいを選択する

読んだ！ □

選手との信頼関係ができた後は、「厳しい路線」に積極的にシフトするとよいでしょう。選手がどんなレベルであっても、練習は厳しくあるべきだと思います。その中で、技術はもちろん、心も鍛えられます。

「うちは能力も低いので、それなりの練習になります」

こんな指導者は「何のために野球をするのか」を理解していない。厳しいこと、難しいことを乗り越えていくことで選手は成長していきます。

残念ながら若年層の選手たちは、厳しい訓練をしたほうが良いと頭で分かっていても、現実は楽な方を選択します。それが子どもです。

大人になれば厳しい環境に自ら飛び込むことも考えますが、年齢が若ければ若いほど大人が厳しい環境を作ってあげなくてはいけません。

野球の指導者は、技術を上げることだけじゃなく「人間的な成長」を促す大きな役割があります。選手に厳しいことをやらせるのは、指導者も大変です。選手がもがき苦しむ姿を見なければいけないし、我慢もいることでしょう。

かわいそう……。

そこで手を貸せば、元の木阿弥です。ライオンの親が、自分の子どもを崖から落とし這い上がってくるのを待つという話があります。可愛い我が子を崖から落とすことは、外からみれば冷淡なことでしょうが親としては強くなって欲しいという一念で行います。

今は大変だけど、未来のために今を頑張って欲しい。

指導者は、今のために今必要なことを考え、未来のために今必要なことも考えなくてはいけません。今の世の中は、権利主張が激しいと思います。何か厳しいことを強制すれば「いじめだ」「人権侵害だ」と言う人もいます。

親が我が子の苦労している姿をみて「かわいそう」と思う時代です。将来を見据えて鍛えているのに、「かわいそうだからやめてください」と言う親。このことについては、親とのコミュニケーション、もしくは親への教育が必要です。私がチーム指導をするときには父母会（保護者会）で必ず、「厳しい」について話します。厳しくする目的と狙い、それを経験してどのように選手が変わっていくのかを伝えます。

監督や指導者が言うよりも、第三者が言ったほうが保護者に心の底までわかってもらえます。野球部通信などの紙一枚で、保護者に指導方針を伝えようと思っても無理です。野球部通信は、やらないよりはやったほうが良いと思いますが、大事なことは間接的ではなく直接的に伝えたほうがいいのです。

選手の成長を考えると、「これをやればこうなる」よりも、「こんなことをして何になる……」という厳しさの方が、成長のスピードが大きくなります。選手から不平不満が出るくらいの理不尽さであれば最高です。

練習は、技術だけじゃなく心も鍛えます。自分の思うようにいかないことを学生時代に経験することはとても重要なことです。社会に出てから自分の思うように行かずに「やめた」と直ぐに投げ出す人が多くなっています。理不尽に弱く、悪い意味での自己主張が強いのです。

理不尽なことを経験すると、自分の我欲の殻が薄くなっていきます。角がある岩が少し丸みをおびてきます。試練に強くなることは、野球の試合でも良い効果を生み出します。

野球の試合は自分の思うようにいかないことばかりです。意図しない展開でも粘り強く戦うことを求められますが、理不尽な経験が勝負強い選手へと導いてくれます。

ただし、理不尽なことを強いて選手を故障させては本末転倒です。心を鍛えたいと考えるあまり、身体を壊すような練習をしてはプレーできません。ギリギリのラインを知ることも大切です。

もちろん身体のことを勉強するべきだと感じますが、「餅屋は餅屋」です。自分の役割を全うするためにも、専門外は他に任せましょう。私ならば専門的なトレーナーなどを雇ってギリギリのラインを知るようにします。

現役時代や引退後しばらくしても、厳しい練習の意味は分からないものですが、社会人になったときに、「あの理不尽が生きている」と悟ります。

たとえ選手との信頼関係があっても指導者は、悪役みたいなものです。選手の将来が明るくなるように、今は、大変でも悪役にならなければいけません。

やってみる□ **厳しくする狙いを保護者に伝える**

やってみる□ **選手に理不尽を突きつける**

22 できるまでやる

読んだ！□

育成できない指導者は、小さなことを軽視している傾向があります。しかし、育成できる指導者には、ある特徴があります。

「できるまでやらせる」です。

簡単な1行ですが、ひとつのことを愚直なまでにやらせる指導者はなかなかいません。ある指導者は、全力疾走での集合にこだわりました。つまりグラウンド内は全力疾走が基本なのです。誰でも知っていることですが、それが実行されているかは別問題です。

「集合！」

最初は今までの動きが染み付いているので、監督から声がかかっても緩い感じで走ってきます。

「それは全力ではない。もう一度、元の位置に戻って集まりなさい」

面倒臭そうに選手は戻り、マイナスの感情を持ちながら走ってきます。不満を持ちながら……ということは、走ることに集中できていない状態です。当然全力ではなく少々緩くなります。その動きをみてまた、「もう一度」とやり直しをさせます。

さすがに何回も繰り返しをしていると、選手はやっていない仲間に対して「おい、やれよ」と促します。ここが我慢の見せどころです。妥協すれば、その時点で選手は「ここまでは許すのだな」と記憶します。

このレベルまでは絶対に妥協しない。

スタート時の指導者の「どこまで」はかなり重要。基準ができれば選手は、他のことでも全力でやろうと意識をします。今まで緩かったチームが、妥協を許さない「ここまで」を示しただけで変わっていきます。

1日できただけで安心してはいけません。どんなことでも習慣になるまで約100日（3ヶ月）はかかると言われています。よって、自分のこだわる部分が浸透するまでは確認が必要で、一瞬たりとも氣が抜けません。

毎日必要だった確認が1週間に1度、1ヶ月に1度で済むようになることでしょう。習慣化すれば確認行為がなくても継続されていきます。最初は、指導者が見ているから抜かないということもあるでしょうが、習慣化すれば、指導者が見ていなくても自然に行えるようになります。習慣化していくと、自分たちが力を抜けば物足りなく違和感を覚えます。やらなければ自分が心地悪いという流れになれば、動きに己の心が伴い、見事な立ち居振る舞いになっているはずです。

登竜門としては、全力疾走、全力発声、集合の動き、返事の仕方についてはこだわりたいところです。

ここまで読むと、できるまでやらせることが重要だと感じたことでしょう。選手は時間を意識しながら練習をすることが大切です。「一所懸命にやっています」とアピールする選手は多くいますが、それは当然であり何の自慢にもなりません。

あるチームで、打撃のトップの形を全員ができるようにするという課題を与えました。大事なのは、「やっている」だけじゃなく「できる」ようになることです。

「〇月〇日までに、全員が形をできるように」

感度の良い選手はすぐにできます。しかし課題では「全員が」と言っています。できている選手は、できない選手を指導するという役割が追加されます。自己評価ではできていると思っても、他者評価でできていないと言われればダメです。

期限を決めると選手の動きが変わってきます。最後の大会は、日程が決まっています。スケジュールは絶対に動きません。残り時間を意識すると、今を大切にします。

単にやっているではなく、できるまでやろうと選手が動き出せば、成長のスピードも早まります。

できるまでやる。
できるまでやらせる。

言葉にすると簡単ですが、意識している指導者は少ないです。中途半端で終わらせない指導者の氣概は必ず選手に伝わります。

やってみる▢ひとつのことを妥協せずに徹底する
やってみる▢できなければ連帯責任で全員やり直し
やってみる▢１００日続けて習慣化する

23 役者になる

読んだ！ ○

指導者には色々なタイプがあります。怖いと優しい、明るいと暗い、口数が多い少ない、叱るのが得意、褒めるのが苦手、選手との距離が遠い近い……。それぞれタイプがあるとしても指導者は役者になるべきです。役者は、様々な役柄に変身します。自分の性格云々ではなく、脚本に書かれている役柄を忠実に表現するのが役者です。ときによって鬼にも仏にもならなくてはいけません。選手への接し方を間近で見ていると、「下手だな……」と感じる人がいます。叱るべきときに何もしない、褒めるべきときに逆に叱る。それが戦略的で、未来を良くするための駆け引きならばいいのですが、そうでもない……。

できて当然と静観することも大事ですが、ときには「よくやったな」と承認してあげることも必要です。褒めるときはストレートで良いのです。駆け引きに走ると、相手の心に刻まれません。野球は99％厳しく辛く、1％喜びや充実感があります。

うまくいかないときに心が揺れ動き、右往左往するのが選手です。タイミングよく認めることで、崖っぷちから一氣に生還することもあります。それを間違えると、有頂天になったり天狗になって逆効果になります。遅過ぎず、早過ぎず、絶妙なタイミングで承認することです。認めるだけじゃなく、タイミングよく声をかけることも指導者の役割です。選手は悩みます。成長を考えると悩む行為は欠かせません。そこですぐに答えを言ってしまえば、考えるという力を失っていきます。選手に考えさせながら、行き詰ったときにはヒントとなることを効果的に伝えます。

また何を言うのかは大切です。言葉を選ぶと良いでしょう。会話のきっかけは指導者からです。「どうだ最近」とか「今何を考えている」などの会話から選手に話をさせます。悩みごとを聞き出し、言葉少なくても改善のヒントを与えるのです。

声をかけるタイミングによって、言葉が良薬にも毒にもなります。ちょっとした指導者の言葉に、選手は「ハッと」するものです。

やってみる◯　ときには鬼になり仏になる
やってみる◯　タイミングよく声をかけ承認する（認める）

24 見ているビーム

読んだ！□

「なるほどね」「うんうん」「意外だな」

選手はとにかく不安でいっぱいです。ですから「見ている」ということを本人に知らせるべきです。毎日のことでなくても、不定期に言葉を投げかけることは大切。チームの人数が多くなれば一人ひとりきめ細やかに声をかけることは難しくなります。

考える野球ノート（※注2）では、毎日1日の終わりに選手がチェックします。1週間ごとにノートを提出するようになっていて、指導者がコメントを書く欄があります。

普段は声をかけられなくても文字にして伝えると効果があります。細かいことでも意外なことを書けば選手は「えっ、そんなことを見ていたのか」と感情が動きます。普段の会話が少なくても、ノートの一言で救われることもあります。

意外なことを書こうと探せば指導者自身の「観る力」も強化していけます。

特に、控え選手は不安です。普段なかなか言葉をかけられない選手に対してのコメントは、入念にしたいものです。自分のチームを選択してくれた選手全員を、我が子のように接してあげたいものです。

やってみる□　細かいところを観察し承認する
やってみる□　控え選手ほど丁寧にやり取りする
やってみる□　考える野球ノートをうまく活躍する

25

学力を上げてやる

読んだ！□

生きる力をつけるためには、そこそこの学力も必要です。社会に出て最低限の知識や考える力がなければ苦労します。野球だけがうまくなれば良いのではなく、しっかりとした学力をつけさせて卒業させることも重要です。

アメリカの高校生を指導したときに、驚いたことがあります。学力が足りなければ野球の練習は禁止という学校が多いのです。野球だけではダメということを日本よりもしっかりと作り上げていました。

日本の強豪私学は、勉強には目をつぶる傾向があります。一般入試で受からない学力でも野球がうまい、という選手には私学が積極的に受け入れています。

当然、中学までに必要な学力を身につけていないので、高校になっても学力向上は困難です。赤点連続でも「おいおい、もう少し勉強やれよ」程度の軽い感じで終わるのが日本です。アメリカでは学力が低いと部活停止、大好きな野球ができなくなるのです。

アメリカで野球の技術能力が高い選手は、とにかく頑張って学力を上げています。そうすれば学力が高い学校へ編入できます。アメリカの場合学力が高い学校は野球が強い傾向があります。強いチームには、大学やメジャーのスカウトが集まります。選手は、見てもらえる環境に身を置きたいと思います。学力が低く、下部組織にいては、野球の世界でも浮上できないのです。

野球をしたいので勉強する。動機は何であれ学力を上げようとするアメリカ野球少年たち。大学のスカウトもいい選手を見つければ「学力はありますか」と聞いてきます。日本のように、野球がうまいから入学させるのではないのです。

私は文武両道をすすめます。選手のこれからの長い人生を考えれば、学力をつけさせることは大切です。

心の底から勉強が好きな野球選手は少ない。指導者が「勉強を好きにさせる」と考えても実現はしないと思います。好きでなくとも、必要だと思わせることができるかどうかです。

昔の学生は、「親に楽をさせるために」と勉強や野球をしました。頑張る理由が親だったのです。今は寂しいかな「親のために……」と行動する選手はほとんどいません。

未来に必要だ……。

勉強を通して様々な力をつけてやりたい。嫌だと思うことに正面から向き合うことで心の強さも出てきます。ピンチに強くなければ野球選手は結果を残せません。嫌なことから逃げているようでは、人間力は上がっていかないのです。テストで100点を取れとは言いませんが、最低限の学力を身につけて、その過程で頑張る心や工夫する力をつけるのです。

指導者が勉強に対して緩くなれば、選手は簡単に妥協します。「ま、何とかなるさ」と楽観的に考えますが、何ともなりません。後回しにすればするほど学力は低下していきます。

文武両道は、時間の使い方がポイントです。遠征でバスに乗っているときに、教科書を開いているような選手を作りたいものです。

授業の聞き方は最も大事になってきます。授業中にしっかり理解しようと聞いていれば、ある程度の学力は持つことができます。授業中にぼーっとしていたり、居眠りをしている選手も多くいますが、指導者がいくら言葉で諭しても、本人に「その氣」がなければ行動に移しません。

いかに、自分に必要なことだと思わせられるか……それが学力アップの勝負の分かれ目です。

やってみる▢　**学力が必要だと氣づかせる**
やってみる▢　**遠征先にも教科書を持参させる**
やってみる▢　**野球バカを作らない**

26

手放す

読んだ！ □

選手との距離感は、指導者であれば悩むことでしょう。最初は理解させるために手取り足取りで、距離感が近いほうがいい。しかし、近いばかりでは選手は成長していきません。ある程度、選手に自主性が出てきて主人公意識が芽生えれば、少し距離を置いたほうが選手は伸びていきます。徐々に割合を考えて近くと遠くを繰り返していきます。

守破離の段階で「破」は、教えをしっかりと守る最初の「守」段階から、自分で考え、自分で判断する、自分というオリジナルの道へと歩む二段階目です。

指導者はちょっと遠くから見ているような感じです。近くに寄り過ぎれば「手を貸してくれる」と思うので本人の動きが鈍ります。でも、まだまだ見守って欲しいとも思っている段階です。

ある時期にくれば大胆に手放すことで、選手に責任感が生まれたり、急に大人らしくなったりするものです。「自分でやるしかない」と心底思ったときに、人は大きく成長します。

手放す時期に、手放すことができるかどうか。子離れができない親がいますが、何でも親が手を貸せば、何もできない子どもになります。最低限のことは教えて、あとは自分でやりなさいという流れにするのが親の役割でしょう。

ここで氣をつけたいのは、手放すことばかり考えて時期尚早に手放しても効果は薄くなります。ある程度の場所までは指導者が牽引して、その先は自分で歩めという感じです。最初は管理、安定してくれば自主の道へと歩ませます。

どこまで牽引していくのか……。

このタイミングを指導者が理解すると、育成は思いのままになることでしょう。選手によってそのタイミングは異なります。いずれにしても、成熟する一歩手前にリリースするべきでしょう。

野球の場合、最後の夏前にチームとしてリリースできれば最高です。たとえチームとしてできなくても、何人の選手をリリースできるか。多ければ多いほど、それまでの指導が良かったことになります。最後の最後まで管理野球を貫かなければいけないのは、育成としては失敗です。

最終的には自立させる。

手放せるということは自立に成功した証しです。育成を念頭に考える指導者は、片時も「自立」という言葉を忘れてはいけません。

やってみる◯ **途中まで寄り添い、途中から手放す**

やってみる◯ **自立を常に意識して接する**

第3章

チーム作り

27 チームリーダーを育てる

読んだ！ □

主将を決めるときに「適任者がいない」と嘆いている人がいます。選手の多数決を導入しているチームもありますが、私は反対です。多数決は、どうしても技術的に上手な選手が選ばれ、ボス猿のような我欲が強い選手が選ばれます。

主将は、チームをまとめて一枚岩にするのが仕事です。前のチームで主力だった選手が必ずしもまとめられるとは限りません。うまい選手に限ってわがままという傾向もあります。

リーダーとしての資質を、最初から兼ね備えている選手はほとんどいません。上級生に引っ張ってもらっていた下級生が新チームではリーダーになるのです。昨日まで依存心が大きかったのに、いきなり主体的に……といっても戸惑います。

リーダーは徐々に作り上げるものです。リーダー候補の選手には下級生のうちにリーダーに必要なものを教えておいて実践させ、育成するのです。リーダー育成のスタート時期は、1年生の夏以降、新チームスタートのときからが妥当です。1年間のお試し期間（猶予期間）を設けるとよいでしょう。

それでは学生に求めるリーダーの資質とはどんなものがあるのでしょうか……。

【リーダーに求める5つの力】

・見本力（率先垂範）
口で指示をする前に、まずは自分が素敵にできている状態にする。何かを指示したとしても自らが先頭に立って実践する姿を見せる。

・氣づく力（敏感力）
ちょっとしたことでも敏感に察知する。
「当たり前」を実践して、チームとしての基準（目安）ができているかどうか確認する。

・指摘力（特別視をしない）

ダメなものを見逃さない。後から言うのではなく、その場で指摘するのが基本。すべての選手に対して公平に指摘する。特に主力選手にも言えるように意識する。

・導き力（方向を示す）
信念を持って導いていく。
ピンチのときこそ方向を示して全員を奮い立たせる。

・会話力（ミーティングでの司会）
選手同士のミーティングで必要なことを選手に投げかけ、話し合いを充実させる。
問題と原因、今後の課題を洗い出し、これからどうしていくかという具体的行動まで決める。

学生野球の主将にリーダーとして必要な5つの力を、1年間かけてどのように身につけさせるのか。言葉で知ったとしても、実際の力がつくように計画し、繰り返し行動していかなければ真の力はつきません。

指導者は、リーダーの資質を身につけさせるための行動計画を練ります。計画に沿ってリーダー候補に行動させて、定期的に検証をしていきます。リーダーとしてはまだまだ未成熟な候補生です。最初はできなくても、経験をしながら修正していけば1年で立派なリーダーに育っていくことでしょう。

新チームの秋大会で勝利するためには、迷いのあるリーダーではいけません。周囲が新チームでバタバタしているときに、一本筋の通った選手がリーダーになることで、秋に勝てるチームとなります。

主将は一人ですが各セクションにリーダーを置くので、複数人育てていかなければいけません。投手、捕手、内野手、外野手のリーダー、学年ごとのリーダー、その他担当があればそれ毎のリーダー。

担当が名ばかりになっているチームがありますが、責任者を決めたならば「理想の形になっているかどうか」をその都度確認することが大切です。担当者は責任を持って、全選手がルールや規律を守っているのかを意識します。守られていない場合は、指摘する（正させる）のが担当の役割です。

部員数によって振り分けられる人数は変わってくると思いますが、「正・副」の二人を置くのが一般的です。上級生と下級生を組ませるのがよいでしょう。全員に担当があれば、リーダーの行動を全員が経験できます。

〈○○野球部　リーダー役割分担表〉

班	2年選手（正）	1年選手（副）
投手リーダー		
捕手リーダー		
内野リーダー		
外野リーダー		
打撃リーダー		
走塁リーダー		
全力疾走		
カバーリング		
基礎基本リーダー		
ウォーミングアップ		
クールダウン		
一塁側ベンチ		
三塁側ベンチ		
バックネット裏		
選手部室		
トイレ		
道具倉庫		
水場周辺		
ボール		
ライン		
ネット		
グラウンド整備		
環境整備		
水撒き		
挨拶		
相手目線		
声		
マナー		
制服着こなし		
1mm		
行進		
学習		
データ分析		
選手ミーティング		

責任を持った担当を経験すれば、まとめる人の苦労を知ることになります。まとめることの難しさを知ると、何事も主将任せにすることは少なくなります。

経験上、かなりの確率で本番である最後の大会は、主将が選手としては動きが悪くなります。最上級生である主将は、力が入り不自然になります。チームをまとめようと準備の段階で苦心します。自分のことに集中できるようで、なかなかできなくなるのが主将です。主将の苦悩が軽減されれば、選手として活躍できるかもしれません。主将が活躍すればチームも活氣づきます。

チームがまとまるには、カリスマ的なリーダーがいればいいということではありません。チーム内の選手全員がリーダー的な意識を持って「主人公意識」が芽生えたときにチームはまとまります。

1年間かけてリーダーを育成する。担当を設けてプチリーダーも育成していく。チームの一員として主体的に個々が動き出してくれば、良いチームができあがります。

リーダーの適任者がいないと嘆くのではなく、1年間かけて人材を作ればいいのです。

やってみる□　下級生のリーダー作りをする

やってみる□　全員に担当（役割）を持たせて責任を負わせる

28 規律優先

読んだ！ □

チームとして一番大事なのは規律です。どんな有能な選手たちがいる集団でも、規律なき組織は崩壊します。選手が好き勝手に行動すれば、指導者と選手の間もギスギスし、選手同士がいがみ合って問題を抱えた状態になります。

チーム作りの上で、最も最優先するべきは規律です。指導者がどの程度規律を重要視するのか。軽く考える指導者は、ちょっとした違反は氣がつかなかったり、見てみないふりをします。

「あいつは主力選手だから」

「ヘソを曲げられても困る」

妥協する指導者は、最初の一歩（違反）を深刻に受け止めていません。チーム崩壊の一歩目とは捉えていないのです。

あるチームは、自分たちが決めたルールを守れなかったときには、野球自粛という形を取ります。守らなかった選手がたとえ一人でも、連帯責任で自粛します。全員でゴミ拾いやトイレ掃除をし、ときには周囲の選手が五厘刈りに頭を丸めます。

守らなかった選手は、自分の行動によって全体に迷惑をかけたと後悔します。後悔の念から次の行動が正されます。誰でも失敗はあります。悪意のない失敗でも、チームが決めたことなのでペナルティーは行います。

連帯責任という言葉が死語になるくらいの現代ですが、今こそ連帯責任を復活するべきです。公の中の自分ということを悟らせるには絶好です。

「俺はやっているのに自分以外のミスで、ペナルティーをするのは納得できない」

自分が全力でやるのは当然ですが、それだけではチームの一員の責務は果たされていません。周囲を見渡し、仲間が守れていなければ事が起こる前に声をかけます。「自分だけやっていればいい」ではいけないのです。できる選手は、周囲を見渡すという役割が自然に追加されます。それがチームです。

自分だけが活躍しても試合には勝てません。全員がそれぞれの役割を全うして、初めて成果が出るものです。

ダメな選手を切り捨てるのは簡単です。しかし、ダメダメ君も、組織の一員ですから、その人を生かすように、最大限の努力を全員でしていくべきです。失敗を重ね、指摘されている選手は「迷惑をかけている」ということを自覚しなければいけません。指摘されるということは、相手の時間を奪うことになります。指摘する時間で自分のことができるのに、あえて自分のことを横に置いて指摘してくれている仲間。

指摘されることは恥ずかしいこと。

中国大陸の乱世、三国時代の話「三国志」。現代の日本でも愛されている話です。私が中学時代、『三国志演義』という本に出会い弱者の戦略に目覚めました。小国「蜀」の軍師である諸葛孔明。彼の最大の悩みは自分の「次」がいないということでした。あるとき自分の後継者になる若者を見つけました。彼の名前は「馬謖」、自分が今まで使ってきた戦略・戦術などを惜しみなく伝えていきました。

蜀として重要な戦で登用された馬謖は、陣を構えるときに孔明の指示を無視して真逆の場所に陣取りました。周囲の武将は馬謖を諌めましたが、孔明の教えを受けていたので過信して周囲の声を聞き入れませんでした。結果的に、蜀は大敗し、多くの貴重な兵士を失った戦いになりました。

孔明は、有能な後釜を失いたくないと考えましたが、軍の規律を最優先し馬謖を処刑しました。

この話は現代も語り継がれており「泣いて馬謖を斬る」ということわざになっています。どんなに優秀であっても、法や規律を曲げてまで、責任を不問にすることがあってはいけないということで引用されます。

技術能力の高い選手がチームの規律を破っても、見逃すことはできません。学生野球だから、まだまだ若いから……という理由で不問にするのは、教育上よくありません。若いときだからこそ、規律は何よりも大切だということを経験を持って理解させることです。

規律はチームの根幹です。まずは規律が、チームを運営する上で、最も重要だと指導者も選手も理解することです。規律が乱れれば、様々なことが乱れていきます。

規律の大切さを理解されたと思いますが、「何をルールとするのか」をよく考えなければばいけません。抽象的ではなく分かりやすいルールの目安を作ります。分かりやすい目安があって初めて選手たちは具体的行動に移します。

具体的にルールをどうするのか。

破ったときのペナルティーを何にするのか。

規律は連帯責任が基本です。破ったときのこと以上に、どのように遵守していくかという議論が大切です。痛みを経験しながら、より良いものができていきます。

学生スポーツは、社会に出てから必要な力をつける場所でもあります。規律を重んじる若者を作り上げて、次のステップに進ませてあげたいものです。

やってみる◯ 自分たちの決めたルールを大切にさせる

やってみる◯ 連帯責任を意識しながら声かけをしていく

29 全員で確認

読んだ！ □

ルールが決まれば、次に大事なのは確認行為です。ルールがあることで安心してはいけません。守られているかどうかが大事なのです。

指導者だけが確認するようでは必ず見落とします。各担当の選手が中心になって自分の責任セクションを確認することは大切なのですが、さらに選手全員が氣を配って確認するという意識が大切です。

誰かに任せるのではなく、自分も主体的にチェックする意識を選手一人ひとりが持てば見落とすことはありません。

できているかどうかの確認は、目安があって初めてできます。選手全員が「どこまで」を知ることが大事です。全選手が実践できるようになるまでには、細かいところまで見て確認、ちょっとでもできていなければ妥協することなく正していくことです。

ちょっとくらい……。

最初は特に基準を徹底しなければいけません。できるまでやるのは基本で、その場で正すことです。道具の揃え方など当たり前のことは、自分以外のものとの調和が大切です。縦から横から一直線になっている1ミリ単位まで確認します。

グラウンドでの全力疾走、特に集合をかけたときのダッシュは目を配るとよいでしょう。できていなければ、もう一度戻ってから全員がやり直しです。

細かいことに意識を置いて日々過ごしていると「氣づき力」が上がってきます。試合中に相手を観察して「ん？　やり方を変えてきたぞ」と小さな兆しにも反応することができます。誰かが見落としても全員に敏感力があれば、誰かが読み取り、チームは有利に試合をすすめられます。

本来は指揮官が一番敏感になるべきですが、敏感な選手を作るためにもチーム全体の敏感力も上げましょう。確認とやり直しを繰り返せば、間違いなく敏感力は上がります。社会に出て働くようになれば、危機管理で個人の確認行為は重要になります。学生のときからそれを身につけておけば、社会に出てから活躍できる人材になることでしょう。

やってみる□ **縦横一直線を基本に1ミリにこだわる**
やってみる□ **主体的に全員がチェックをする**

30 自立を意識させる

読んだ！ ☐

チームが成熟していないときには、指導者が主導権を握りながら練習メニューを決めますが、成熟してくれば選手主導で練習メニューを決めさせます。現状を踏まえながら、必要なことを得られるような練習を選手に選択させます。

ちょっと違うなと思えば、選手を導くようにディスカッションをします。与えられた練習よりも、自分で決めた練習の方が「己の入り方」が変わります。自分で決めたからには責任も自然に生じます。

主将が監督に練習メニューの案を持っていきますが、主将独断で考えるのではなく「選手の総意」がベストなので、主将が中心となった選手同士の意見交換（ミーティング）は大切な時間です。

話し合いが、選手個々の納得に繋がっていきます。意見交換によって、「○○だから●●」

と自分たちで練習メニューの意味を考えます。やらされるのではなく、自分たちで作り上げていく意識を持たせることです。

指導者は頭の中で「誘導」という二文字を意識します。コーチングは「自分の中に答えがある」という考え方ですが、野球に必要なのは「正しい流れに導いていく」ということだと思います。選手は未成熟な若者です。自分で今必要な正しい判断はなかなかできません。

経営の神様、松下幸之助氏の言葉に「任せて任せず」という言葉があります。表面上は任せるという形を取りつつ、手綱はしっかりと管理側が握っているのが、成果を出せるやり方です。

任せるといって「我関せず」では、未成熟な選手たちは右往左往してしまいます。それなりの時間があれば、自己成長を考えると右往左往するのも意味があるのですが、学生野球は限りある時間です。時間の浪費と思えるようなものは避けたいものです。決められた時間内で、考え、経験させて成長を促すのです。

選手は自分たちですべて決めているように思いながらも、実は指導者が陰でコントロールしているのが理想の形です。

最初は今の自分たちに「何が足りないのか」を選手自身なかなかわかりませんが、知ろうとする（見ようとする）ことで、見えてきます。自分で考えようとしなければ見えないものが、自分で探そうとすれば見えてくるので面白いものです。

チームの今を考えながら、段階的に選手に考えさせる割合を増やしていきます。私が指導しているチームで意識の高いところは、監督が練習メニューを決めることはありません。

「どんな練習をするのか」
「どういう意識で動くのか」
「テーマは何なのか」

選手主導で監督が微調整するという毎日です。逆に選手の意識が低いのに、練習メニューを任せ過ぎると良い方向に行きません。「何をどのように」という意図まで考えられないのであれば、まだ早いということです。選手が決められない段階では、次のように問いかけます。

「今日は○○を中心にやろうと思うが、その意図は何だと思う？」
「この種目は、特に何を意識して動くべきか？」

これをやれという一方通行ではなく、選手に問いかけながら行うと練習の意図を考える習慣がついてきます。ある程度考えられる選手たちになっていけば、リリースして選手主導に切り替えていくことです。

選手主導となっても「任せて任せず」は忘れてはいけません。

やってみる□　**選手に練習内容を決めさせる**
やってみる□　**選手間ミーティングの回数を増やす**

31 本氣の競争をさせる

読んだ！ □

チーム内の競争がなければ崩壊していきます。マンネリ状態はチームが最も恐れることです。少人数のチームを指導する場合は、全員が試合に出場できるので背番号争いはありません。自分の椅子は確保できているので、椅子取り競争はできないのです。

少ない部員での競争を、選手に意識させるために二つのことを考えてみましょう。

①自分と競争させる

チーム内のライバルを見つけることはできないので、常に自分と勝負をするような意識を持たせます。走ることなら、タイムを計測して自分のタイムをいつも抜くようにさせます。打撃練習であれば、「○本ライナーを打つ」「逆方向に強い打球を○本」というように自分が決めたことを意識させます。

他人との競争の場合、相手が下降線になれば自分がその位置にいても勝つことはできます。しかし、自分との競争は、自分が常に前進していかなければ勝利できません。自分との勝負は最も厳しく、ごまかしが効かないものです。少人数じゃなくても「自分との勝負」は意識させるべきでしょう。

②目標と勝負させる

人との勝負ではないのでイメージしづらいかもしれませんが、「ここまで行く」と決めたならば必要なことをその時に実践していかなければ届きません。何氣ない練習であっても目標を意識しながら行わせるべきです。

ウェイト練習でも、こういう身体にして目標に向かって勝負していくという心が必要です。今していることは、すべて目標を達成するために必要だという意識です。「これが全国優勝に繋がる」といつもゴールを意識しながら動けば、乗り越えられる壁も多くなってきます。

自分を奮い立たせるためには、自分の中で何らかの明確なターゲットがあったほうが良いのです。そこまで行くと思うから力も湧いてきます。指導者はそこを選手に意識させられるかどうかです。

人数が多いチームであれば、①②の他にライバルを意識させます。ライバルは敵チームにいるかもしれないし、自分のチームにいるかもしれません。控え選手は、自チームの主力選手がライバルになるでしょうし、主力選手は敵チームになることでしょう。

控え選手が主力選手を抜くための秘策を、選手に教えることがあります。闇雲に練習をして力をつけても、それが主力を抜く条件になっているかは疑問です。最終的には指導者が誰を使うのかを選択するのですから、選手も自分目線だけじゃなく他者目線（監督目線）で物事を考える必要があります。

【控え選手の主力追い抜かせ方】

①ライバルの弱点をつかせる（強みを持たせる）

主力選手は何かが良くて試合に使っていると思います。その選手でも三拍子揃った完璧ではないはずで穴はあります。選手はがむしゃらにやっているので、こういったライバルの穴を見分けることは難しいのでそれを教えてあげます。

「ここを突くと勝負ができるぞ」

弱点をつけば、その選手の大きな特徴（強み）になるかもしれません。同じ土俵で勝負させることなく「ちょっと違う特徴を持った選手」に導いていくのです。それが控え選手の精神的な支柱になり、指導者としても使いやすい選手に変わっていくことでしょう。

②監督の求めているものを伝える（使わない・使えない理由を伝える）

控え選手は監督が目指している野球を知らないことが意外に多いようです。「俺の野球はこれだ！」と、明確にすることで、選手は方向性に沿った努力をします。主力選手が理解しながらプレーしているのであれば、控え選手へは個別に伝えることです。この個別というのがミソです。控え選手は満足に出場していないので、どうしても消極的になっています。全体でではなく、個別ということで「見られている（期待されている）」という感覚になるはずです。

求めているものをストレートに伝えることで、消極的だったものが、積極的に変われば飛躍的に変わる選手も出てきます。主力と控えの違いは技術的なこともあるでしょうが、一番大きいのは意識の差です。

控え選手に主力を抜かせるためには、選手自身の目線を変えさせる必要があります。なりふり構わずの姿勢になったときに道は開けてきます。今まで何をしてもうまくいかずトンネルの中にいたような感覚が、突破口が見つかったとたん、塞き止めていた水が一氣に流れるように勢いが増すことでしょう。

チーム内での競争が活発化するよう意図的に選手を競争の流れに巻き込んでいきます。控え選手に大きく期待し、さらに主力の抜き方も知らせて主力選手がうかうかできない状況にします。調子維持だけではいけないと主力選手が実感すれば、「なおもっと」と危機感を持ちながら自分磨きをすることでしょう。

抜きつ抜かれつのデットヒートになれば、精神的にも強い選手が生き残ります。控え選手は何も策を講じなければ「自分はダメだ」と思っています。諦めている心を、可能性があるという心に変化させるのが指導者の役割です。

その氣にさせる……。

主力と控えの競争で、どちらかが敗れます。敗れたとしても、心の中に背番号以外の大きなものが得られているはずです。これが「育てる」ということです。勝ち負けだけじゃなく、真剣勝負をして得られるものに若い年齢で氣づけば、大人になって戦わずして負けることを選択する人はいなくなるでしょう。

「本氣で戦えば、絶対に手に入るものがある」

競争は、一人ひとりを強くします。
競争は、チームをレベルアップします。
競争は、目標へと近づけてくれます。
競争は、最終的に手に入れたい目的まで獲得させてくれます。

どちらに転ぶか分からない競争状態。緊張感のある毎日が成長を促します。質のよい競争に勝ち残った選手が、最後にはチームの代表として戦います。仮に怪我でメンバー入れ替えがあっても、次に指名した選手は怪我をした選手と遜色ない動きをすることでしょう。

やってみる□　常に何かと競争させる
やってみる□　控え選手と会話を多くする
やってみる□　選手をその氣にさせる

32 本番感覚

読んだ！ ▢

私がサポートチームの紅白戦を観るときのポイントは、「紅白戦に見えるかどうか」です。紅白戦に見えるようではダメです。お互いに知っているので、甘えが生じます。紅白でも相手は敵です。本番であれば敵に対して攻撃の手を緩めることもないし、投手はインコースにバンバン投げ込むはずです。

怪我をしたら困るから、味方だからこういう攻め方をしよう……

手加減するとかえって怪我などが起きるものです。本番同様の緊張感があれば、緩みによる怪我はしないはずです。

本番のような全力疾走、全力発声、絶対にミスをすると思っての全力カバーリング。結果を残すための観察力。細かい兆しを読もうとする意識（最高の準備）が紅白戦でできているかどうか。

ミスをして「やっちゃった」という軽い空氣が流れるようでは、本番ではありません。試合中に「ごめんごめん」が飛び交うのは緩い練習感覚です。適当な準備であれば、消極的なミスとなり、後で何が悪かったのかという振り返りもできません。最高の準備をしてもミスはありますが、それは積極的なミスです。ミスの質によってチームの流れも変わってきます。

全力の準備をするのが本番です。試合と本番の感覚はまた少し違います。練習で「試合のように」と表現すると私の中では緩い感じがします。「本番（最後の大会）のように」となれば、独特な緊張が走ります。想像力のない選手は、緊張したようなしていないような感じですが、想像力のある選手は顔つきが変わり、臆するというよりも大胆になります。

プレッシャーを楽しめという指導者がいますが、学生野球の選手がこの領域までいくことは少ないです。楽しむという言葉で逃げるのではなく、向き合えるかどうかです。緊張も大なり小なりします。緊張している自分を実感しながら、緊張を超越した動きができるように普段からプレッシャーをかけて慣れておくことです。

他チームとの練習試合は紅白戦よりも本番を意識しやすくなります。それなのに本番感覚になれない選手は降格です。技術能力が秀でている選手ほど、練習試合ではスカした動きをします。スカした瞬間に降格です。たとえ練習試合で活躍できても、本番の緊迫感を持っていない動きをする選手は、本番でやらかします。

練習試合で活躍していた主力選手が本番で蛇に睨まれた蛙のようになるなんてことは、今までの指導人生の中でたくさんあったことでしょう。

練習試合に強い選手（本番で動けない選手）を作るのではなく、本番で力を発揮できる選手を作ることです。本番に強いかどうかは、普段の姿勢を見ていれば分かります。

自主練習 ＜ 合同練習 ＜ 紅白戦 ＜ 練習試合 ＜ 公式戦 ＜ 最後の公式戦

自主練習は、本番意識が一番低くなりやすい。低くなりやすい練習で、本番ではない意識を持つ選手は評価の割引が必要です。力は持っていても本番で出力できない選手かもしれません。自主練習で一所懸命に本番意識を持とうとしている（持っている）選手は、技術は低くても評価を割増しても良いと思います。

愚直なまでに本番意識を持てる選手は、最後に大きな何かをする予感があります。今までの経験で、適当な空氣のある主力選手は最後に猫になってしまいます。虎にはなれないのです。

選手の動きを見ながら、打った・抑えたという結果だけを見ている（評価している）ようでは勝てる指導者にはなれません。打者であれば打率、投手であれば防御率、捕手であれば盗塁阻止率、走者であれば盗塁率……こういった数字は未来の活躍バロメーターになるようでならないものです。

本番で活躍できる選手なのかどうか……。

どんな練習でも、指導者は選手の本番感覚を感じ取ることです。感じられなければその場で指摘して修正します。練習試合などでは相手がいるので試合を止めることはできませんが、紅白戦や普段の練習ではその都度動きを止めて選手に問うことです。

それは本番でやることか……。
その程度の準備で挑むのか……。

本番でしないことをしない。言うのは簡単ですが、確認するのは指導者です。練習の内容ばかりに氣を取られて、一番大事なことを見逃してはいけません。繰り返しますが、本番感覚のない練習時間は無駄です。

やってみる□ **自主練習から本番感覚を要求する**
やってみる□ **プレッシャーと向き合わせる**
やってみる□ **数字をあてにせず最高の準備をしているか評価する**

33 真の勝負をする

読んだ！□

成果を出すためには「形」が重要です。選手全員が成果の出やすい形を理解して、最初の段階はそれを強く意識してプレーしていくことです。

ある程度形ができてきたならば、勝負を最優先します。結果を描かせて、形が自然体でできているのかを確認します。「形」をするために形を意識するのではありません。成果を出すために形を意識するのです。野球は相手があるスポーツで、すべてのプレーに勝ち負け（アウトセーフ）が存在します。

私は守備練習でシートノックはしませんが、お決まりのシートノックで絶対に捕れない打球に対して飛びつく選手がいます。飛びつけと言われて飛びつく選手は、形をやれと言われてやっているだけです。それが本当の力に繋がっていくとは思えません。

本当に勝負をしている選手は、自然に全力の動きをします。打球を捕ってアウトにしたいから自然に飛びつきます。バレーボールのレシーブのような飛ばなきゃいけない形式的な飛びつきはいらないのです。ランニングスローにしても、軽くやりません。勝負をしているからアウトにするためやるのです。

挟殺守備練習にはルール（動く目安）があります。球を持っている選手が全力で声を出しながら走って追い込みます。ルールを守るためにルールをやるという感覚では、本番で忘れてしまいます。

「絶対アウトにしてやる！」

「形」をしようと思ってプレーしているうちはミスをします。大事なのは「アウトにする」という守備者の熱い氣持ちです。絶対にやってやると思うからこそ、全力で走って追い込みます。これが結果的に勝負をするということになります。

勝負とは真剣勝負です。真剣勝負とは、日本刀（真剣）での勝負と思ってください。斬られれば死です。

勝負という言葉をたくさんの人が使いますが、漢字そのままの解釈です。勝ちもあれば負けもあります。負けを覚悟しながらも、全力で勝負します。全力の勝負であれば負けたときには潔く散ることができます。

次もあるという勝負……。

野球は生き死にではないので、場面の勝負に負けても次があったりします。私がここで伝えたい勝負とは、負けたら次はない「いまここ」という心で挑むことです。

次はないのですから全身を研ぎ澄ませて、できることすべての準備をするのです。最高の準備をして部分的勝負に負ければ「仕方がない」と割り切れます。適当な準備で部分的勝負に負ければ心が揺れ動き、それ以降の勝負も勝てません。

現実的に、全ての勝負に勝つことは難しいと思います。打者が凡打する、投手がヒットを打たれる……1試合の中で、数々の勝負（部分的勝負）が存在します。部分的勝負に負けてマイナスに転落していくのは、中途半端な勝負をしているチームです。

チームを強くしていくためには、部分的負けをしても、切り替えてまた本氣の勝負ができるようになることです。そのためには、一つひとつの「勝負の質」を落としてはいけません。

自分の間合いで勝負をする。
自分が有利になる情報を集めて勝負する。
負けたら次はないと思い勝負する。
絶対に勝つという意識で勝負する。

「一球に集中せよ」と声を荒げる指導者。そんな言葉を使って選手が集中できるのであればこんなに楽なことはないでしょう。選手の集中は、心底から湧き出る「絶対に勝ちたい」という強い思いから生まれてきます。思いがないのに、その氣じゃないのに、集中力は出てきません。

真の勝負ができるチーム、本当の勝負ができる選手を増やしていくことがチームの強化に繋がっていくのです。

やってみる ◯ **負けても悔いのない完璧な準備をする**
やってみる ◯ **相手を把握して自分のリズムで勝負する**

34 成果に繋がるミーティング（6×3）

読んだ！ □

チーム作りで一番大事な時間は、話し合う時間です。そもそもミーティングは何のために行うのでしょうか。指導者が選手を怒鳴りつけてストレス解消する場所ではありません。「こうするべきだ」と誰かが伝えて「はい」という時間でもありません。

成果を出すための道具としてミーティングを使います。

過去のミーティングを考えて、成果に繋がっていたのか検証してみてください。ほとんどは本来の目的から外れていたものになっていたことでしょう。

ミーティングは成果に繋がるものであり、自己変容の場でもあります。自分の意見を述べ、相互通行のディスカッションをすることで、コミュニケーション能力もつけていきます。発言をしないでただ聞いている選手は、自己変容ということから遠ざかります。じつにもったいないことです。ここではいくつかのポイントを抑えながら、ミーティングの「在り方」についてまとめたいと思います。

※相互通行ミーティングは「エントモ考える野球ＤＶＤ」（※注3）3枚目のディスクに映像収録。

指導者と選手が行うもの、選手間だけで行うものがあります。その中でも、振り返りとスタートの二つがあるので、詳しく解説していきましょう。

【指導者×選手】

●振り返りミーティング

①選手が先に話す

練習後、試合後に行うミーティング。次、より良いものにするためには良質の振り返りが必要です。最初に話すのは指導者ではなく選手です。最初に指導者が主観を述べると、選手は話しづらくなります。

②相手から学んだこと、相手を観察して氣づいたことを選手が発言する

相手を見て、「やってはいけない」とか、「真似しよう」と思ったことがあるはずです。最初は思ったようなレベルの言葉は飛び交いませんが、何度も繰り返していると、発言レベルも上がってきます。ミーティングを充実させるために、試合で選手はメモ用紙を用意します。そして感じたことをその都度書いておきます。ミーティングでは、このメモが生きてきます。

BAD

「ミスをした後の選手の言葉数が減っていた」

「全体的に対応打ち（※注4）をしていて、速い変化球に対して上半身で追っかけていた」

「トップが浅く、インコースに対して反応が悪かった」

「先発投手の牽制の癖は○○だった」

「相手監督がミスに対して怒鳴って、選手は消極的になっていた」

「球審は低めが厳しかったが、高めは結構ストライクゾーンが広かった」

GOOD

「ライトのカバーリングが本氣のダッシュだった」

「中継プレーでカットマンが7メートルを死守していた」

「バントの構え方でバットと目線が平行だった」
「4番打者のトップが深く柔らかかった」
「エース投手のクイックタイムが1・20秒を切っていた」

相手を観察する視点も意識が高くなれば変わってきます。相手の選手だけじゃなく相手指導者や審判についても、見て感じた意見が出てくることでしょう。

③自分たちの動きを振り返り、氣づいたことを選手が発言する

プレーをした選手だけじゃなく、周囲から見ていた選手も感じたことを話します。ここで氣をつけたいのは、悪いプレーに関してはたくさん指摘をするでしょうが、良いプレーに対しても指摘し、発言することです。球と少し離れた場所でプレーしていた選手にも、カバーリングなど話すこともあるはずです。

控え選手は自分が守っているポジションはよく観察するべきです。出場している選手の動きを注視して、的確に足りないことや素晴らしいことを抑えていきます。

ＢＡＤ

「三振した瞬間にがっくりするのはダメだと思う。周囲にマイナス空氣を伝染させないように、三振の瞬間にダッシュして戻るべきだ」

「投手が打たれ出しているときは打者のリズムで投げている。余裕がないように見えるので打たれてきたら自分の間合いで投げられるようにして欲しい」

「バット引きの選手のダッシュが全力じゃない」

「揺さぶりの声に相手が反応していないので、相手が反応する言葉をもう少し探りながら出したほうがいい」

ＧＯＯＤ

「練習でやっているトップの形がキープできていて、二段トップの打者がいなかった」

「狙っている球に対して思い切りがあった」

「ピンチのとき、投手にかける捕手の声かけが良かった」

「ブルペンと監督との意思疎通がうまくいって、２番手以降の登板投手がスムーズに作れていた」

④指導者から選手への指摘（意見）

選手が十分意見を出し合った後に、指導者として感じたことを指摘します。結果に対してだけじゃなく、「あのときに何を意識していたのか」という質問形式を取りながら方向性を明確にする。指導者の発言タイムでも、選手に話をさせながら、自分の考え方が伝わるように話していきます。

ＢＡＤ

「凡打後の全力疾走はベンチ前3メートルまで行うこと。最後の5歩については小刻みに踏むこと。周囲の選手は、最後までできているかどうかを確認して、できなかったときにはその場で指摘するように」

「打たれ出してきたらバッテリーが弱氣になっている。そんなときこそ突っ込む勇氣を期待したい。野手もバッテリーの心境になって微妙な変化（弱氣）について察知して声かけをして欲しい」

ＧＯＯＤ

「ヒットを打った選手が確定ベース直前で力を抜くことなく、次の塁を狙う姿勢が良かった。あそこまで狙えば相手守備者にはプレッシャーがかかる。フェイクのモーションではなく、本当に狙う姿勢が大切。コーチャーも抜かせないように全力で声を出していたのは評価できる」

「ファールの後に打者が工夫する姿が見られた。タイミングが合っていなければ、少し早めにトップを取ろうとしていて、打てはしなかったがそこは評価できる。追い込まれたとき自分で判断してバットを短く持ったことも良かった」

「序盤で相手投手を攻略しようとする必死さが伝わった。相手投手の配球、捕手の傾向など出塁するために必要な情報を、出場している選手もベンチ選手も得ようとしていた」

えっ、そんなに細かいところ見ているの……と選手が思うようなことをバンバン指摘したい。指導者が細かければ、選手の視点は広がっていき「次回感じようとする場所」が多くなっていきます。最初は意識レベルが低いので、ミーティングで発言することも表面上だけのことで浅い。指導者が細かい部分を見ていると意識させるようなミーティングを重ねていけば、選手の観察力は飛躍的に良くなっていきます。

⑤明日から何を意識して取り組むのか（練習内容も決める）→選手主導（指導者サポート）

選手が話し、指導者が話して、課題が明確になってから、「次」に向けて建設的で肯定的なディスカッションをします。足りないことを補い、できたことに対しても「なお、もっと」と意識をします。次が良くなっていかなければ練習試合をした意味がありません。課題が出たのですから、どういう意識で何をすれば改善されていくのかを話し合います。

これは合同練習で、あれは合同練習後の自主練習で、この部分だけは今宵の自主練習で、というように具体的に練習メニューまで決めることが大切です。メニューだけじゃなく「こういう意識で」と頭の整理も明確にします。できていないことに対しては、集中する事項（意識する事項）がなければ改善される可能性は低くなります。

この流れのミーティングをしていると、終わったあとにスッキリします。次からの時間の使い方が明確なので「やる氣」がみなぎります。「もっと強くなれる」「必ずチームは強化されていく」指導者だけじゃなく選手が実感していければ、チームは良い方向へと歩みだします。

●スタートミーティング

終わったあとの振り返りミーティングよりも大切なのは、スタートミーティングです。終わって振り返ることは当たり前ですが、これからすることに対しての意識確認は最も重要です。重要な時間なのに、指導者は練習試合で相手監督と会話していることが多い。無駄な時間の使い方をするのではなく、何を特に意識をするかをチーム全体として確認することです。

チームには各セクションにリーダーがいると思います。リーダーが中心になり要点をまとめて意識ポイント（集中ポイント）の確認をします。各リーダーも伝えることの抜け落ちがあるので、主将は「足りないこと」を全選手に投げかけて発言させ穴を埋めます。

公式戦であれば、前日までに相手攻略のミーティングや、自分たちがやるべきことの確認はしていると思いますが、当日のチェックは重要な時間です。

長々としている時間はないので、ポイントを端的に共有するようなミーティングにします。全部を確認するというよりも、特に意識をすることを重点的に話します。

【選手×選手】

選手だけのミーティングの充実は大切です。勝てるチームは、選手間のやり取りが非常に多く、指導者に指摘される前に自分たちで修正していきます。指導者とのミーティングで発言することに慣れてくれば、選手同士の話も活性化していきます。

基本的な進め方は、指導者を含めての場合と同じです。選手ミーティングでよくあるパターンは、形式的で固い言葉になることです。選手しかいないのですから「いつもの言葉」

でやり取りすることを心がけるとよいでしょう。下級生は下級生なりの言葉の使い方となりますが、上級生はいつも使うような仲間同士のやり取りにしたいものです。

大事なのは相手に伝わることと、考えを共有して全員が心底に収めることです。かしこまったような言葉では自分の中に入り込まないし、相手にも伝わらなくなります。

また、同じ選手だけが話すようなことになりがちですが、すべての選手が話せるような工夫は必要です。主将が中心となって司会のような役割を果たしますが、いつも発言しないような選手を指名して意見を言わせることもします。待つのではなく促すような流れにするのです。発言機会が増えれば積極性も生まれます。同時にコミュニケーション能力も上がってくるので「話をさせる」ことはとても大事です。試合に勝つという最大の目標はありますが、野球を通して人間形成をしていくというミッションもあるのです。

人数が多いチームになればセクション別のミーティングをすると良いでしょう。ポジション別、役割別、年代別、発言の活性化を目的とするならば、5〜6人をグループにして話し合います。各グループでまとめたものを、全体で発表するというのも良いでしょう。

選手だけのミーティングでは6分野について3つの流れを意識すると活性化していきます。「選手だけで話せ」と投げかけても道筋がなければ盛り上がりません。意見が飛び交い、まとめるのが大変なくらいのミーティングが理想です。

【６分野】

①打撃（形、読み、合わせ方、相手投手攻略）
②走塁（盗塁、フェイク、低投ＧＯ、ゴロＧＯ、それ以外の判断）
③バッテリー（配球、バント守備、捕手低投ストップ、盗塁送球、指示＆判断、投捕間の会話、
２番手以降のブルペンの作り方）
④守備（捕球、送球、守備位置判断、ダブル、カバーリング、バッテリーへの声かけ、挟殺）
⑤当たり前の実践（全力疾走〈攻守交代・凡打時のベンチバック〉、道具の置き方）
⑥ベンチワーク（抜け落ちないための声・控えの選手の動き）

【３つの流れ】

①現状（こうなっているよね）
②原因（どうして、なんで）
③方法（どうすれば改善するか、何を意識するのか）

ミーティングはできていないこと（改善事項）だけではなく、できていること（継続事項）も話します。方法については具体的に行動まで導き出すことです。理想で終わってはいけません。何をどのようにという行動はっきりしてこそ、未来に修正されて成果と繋がっていくのです。

練習や試合後に行うミーティングとは別に、規律や当たり前の基準についての話し合いもチーム作りには欠かせません。雨の日で練習ができない場合や、雨じゃなくてもチームの根幹である土台に対する定期的話し合いは大切です。

選手向け考える野球ノート（※注２）の中に、当たり前の実践の目安について書かれています。ノートを全員が持って、項目一つひとつに対して定期的にミーティングをしているチームは多いです。大事なことは、定期的に話し合って意識が薄れないようにしていくことです。

いつも言っていることだから……。

浸透していると思ってアクションをしなくなれば、問題の火種ができていきます。チーム運営を考えると波風の立っていないときにこそ、危機管理を持ちながらアクションをしていくことです。問題が起きてから動くのでは遅すぎます。

ミーティング（話し合い）を軽視してはいけません。むしろ重視するべきです。

やってみる▢ **話し合いで人材育成する**

やってみる▢ **ミーティングは必ず結論（明日からの行動）まで出す**

やってみる▢ **成果に繋がるミーティングをする**

第4章

勝てる人への道

35

高い目標を持つ

読んだ！□

指導者と選手の意識の高さは同じになります。なので、指導者の意識が低ければ、どんな練習をしても選手の意識は上がってきません。

「打倒○○」なんてチーム名を具体的にあげていれば、この試合に勝てば対戦できるという一歩手前で敗退します。

指導者がよく使う言葉が「現実的」です。今の状態だけを考えて、勝手に自分たちを低く見積もります。これからの上積み、大きく意識を変えて取り組めば成し得られるかもしれないのに自分で枠を作ります。

大きな目標を公言すれば、周囲は反応します。「そんなのできるわけない」「頭でもおかしくなったのか」「もっと現実を見ろよ」、反応する人たちは、これからを考えずに今までの過去を考えて無理だと言い切ります。

指導者もそれが一度も成し得たことのない目標であれば、「そ、そうだよね」と弱氣になります。目標は叶えないといけない（到達しないといけない）と日本人は考えます。

目標を高く持てば、今のままではいけないと思います。心底から「そこに行きたい」と思えば、目標に見合った言動をしようと考え、自分を変えていきます。

現実的かどうかなど考える必要はありません。ちょっと手を伸ばせば届くような目標では覚悟が生まれません。頭の上にあるハチマキをギュッと結び直し、「氣合いを入れていかないと」と覚悟を持ったときが自己変容の一歩目です。

目標の大きさによって覚悟の量も変わってきます。

目標は、今までの考え方と行動を変えてくれます。たとえ、目標に到達できなくても本氣で取り組めば、生きるために必要な様々な力が手に入ります。もちろん目標成就のために日々尽力しますが、本当の狙いは自己変容にあります。どんな目標でも本氣で目指せばその目的は達成しますが、目標は小さいよりも大きい方が覚悟をしやすいので「目標は大きく」と指導者には伝えます。

指導者が小さな目標を口にするときは、最初から自己防御しているようにも思えます。

この程度にしておけばショックも最小限で済む。自分がチームを導けなかったときに「レベルの低い選手だったから」と自己納得しようとします。自分の防御線を考え、低く見積もるのはどうかと思います。

大きな目標を掲げれば、指導者自身も大きく変わることが求められます。

ある方が言いました。

「過去の失敗を分析して、やってはいけないことも知っているし、過去の成功例も分かっているのでやるべきことも分かる。毎年歴代最高のチームができますよね」

痛いところを突かれたと感じた言葉でした。確かに、今がどんなチーム状態であっても指導者には過去の経験があります。良いことも悪いことも経験しながら最善のものを今に投下すれば、「毎年歴代最高」を更新するのが本当です。

目標を明確にしたあとは、「その目標にふさわしい自分たちなのかどうか」を定期的に問うことが必要です。会社の社是のように「掲げただけ」ではいけません。「そこに行くために、今頑張っている」目的地の確認は常にすると良いでしょう。

「やってやろうという氣概」

「自分たちが過去の歴史を変える」

「どうせやるなら1番を目指す」

「なったことがないからイメージできない」という逃げの言葉を使うのではなく、経験がなくても想像をするのです。どのレベルまでやれば良いのか……。本当に分からなければ1番になったことのあるチームを訪問して空氣を感じることです。

目標がはっきりすると、足りないことに氣づきます。足りないものは全力で補わなければいけません。目標が色々なものを動かしていきます。大きな目標にすればするほど、大きなハードルが立ちはだかります。ハードルを一つひとつ越えていけば、自分の人間レベルもアップしていきます。

大きな目標ほど、チーム内での結束力が必要になります。目指している過程で「えっ、こんな力も身につくなんて」という驚きの連続が起きることでしょう。本氣の先に奇跡が待っています。中途半端な目標ではミラクルも引き寄せることはできません。

まずは、指導者が現実路線を捨て去り、本氣で挑戦モードになれるかどうかです。

目標は叶えなくてはいけないものではなく、自分を動かす道具です。自分の動きが悪くなれば目標を自由自在に変えればいいのです。達成しそうになれば目標を上げて「さらなる高みへ」と思い、修正すればいい。

目標は自分を動かす道具という感覚を全員が持てば、チーム目標は別として個人の目標はその都度変わっていくことでしょう。甲子園での活躍を目標としていた選手が、甲子園出場を決めれば「全日本代表に入る」と目標を変えていくと良いでしょう。その先もプロに入る目標にすれば、凡打での走りも全力になります。

自分を最大限に動かす道具として目標をどう操るのか……です。

やってみる◯　大きな目標を掲げ周囲に公言する

やってみる◯　目標という道具をうまく使う

36 成果に繋がる計画を練る

読んだ！□

目標が決まれば次に計画です。目標に近づいていくためには､具体的な計画が重要です。様々なジャンルの現在地を知り、最終的に「ここまで」を持ちながら、段階を経てどのようにレベルアップしていくかです。時間的な制限があるのがアマチュア野球です。

成長の時間を短縮するためには競争が必要です。チーム内での競争が激しくなれば、選手の能力も加速度的に上がってきます。

計画を練るときに氣をつけたいのは、方向を明確にすることです。最終的なチームの完成形を全員で理解することで、選手も必要なことを知ることができます。

投手、捕手、内野手、外野手、打撃、走塁、作戦面……

どんな対戦相手にもそれが機能するかどうかがポイントです。

できることを増やしていくと同時に、「どの敵にも使えるように」を忘れてはいけません。弱者相手であればいかようにもできるけど、強者相手にはまったく動けないということでは話になりません。弱者に有効だったと安心していたことが、本番で機能しなくて「こんなはずじゃ」と愕然とします。

強者に使えるかどうかまで計画して、どんな感覚でやるべきかをチーム内で共有すると良いでしょう。自分のいる都道府県から出るためには、ナンバー1の投手を打ち崩し、ナンバー1の打線を抑えなくてはいけません。

今は弱小軍団でも、練習の中で本番イメージを持ち「〇〇投手を打ち崩す」でスイングするべきです。弱者の打線を抑えて有頂天になってはいけません。強力打線であれば今日の投球が通用しているのかを振り返り、抑えても足りないことに焦点を当て、それを課題として翌日から取り組むことです。

選手向け考える野球ノート（※注2）には、1週間ごとの計画を選手自身で策定し、1

週間後に振り返るというページがあります。自己評価をして指導者もチェックします。計画を常に立てて、意識しながら毎日行動していくことは大人になってからも必要なことです。

指導者であれば、新チームスタートから12ヶ月計画、もしくは15ヶ月計画を立てると良いでしょう。15ヶ月計画は、翌年秋の大会で優勝するという計画です。1年後の夏最大の勝負をかけるのは当然ですが、その2ヶ月・3ヶ月後の秋大会でも勝負をかけるというものです。秋大会は、新チームになってすぐの大会なのでどのチームも不完全です。不完全同士の戦いなので、徹底路線が新チームで約2ヶ月後に実現できれば十分に勝負できます。

15ヶ月計画は、12ヶ月計画と重複する時期があります。そこは臨機応変に計画修正すればいいのです。15ヶ月計画では新1年生がキーワードになります。入部してすぐにお手伝い的な動きをさせているようではいけません。夏が終わってからの戦力なのですから、入部してからの4ヶ月は本当の意味で勝負期間です。

計画を立てると、今までの常識が覆っていきます。削ぎ落とすことは削ぎ落とし、いつも以上に意識しなければいけないことは意識するべきです。春も夏も秋も……という指導者は勝てない指導者です。12ヶ月か15ヶ月かを選択してチーム作りをするのが正解です。

【12ヶ月計画の考え方】

夏に全力を注ぎ、終われば次の夏に全力を注ぎます。夏大会が終わり新旧交代をして夏休みに入ります。夏休み前に負けたチームも新チームになってすぐに練習試合をするようですが、12ヶ月計画で大事なのはスタート時に土台を強固にすることです。

前の世代で何が問題だったのか、勝てなかった理由を明確にして、1年間の目指す方向を決めます。指導者も計画をしますが、選手自身でも計画を策定します。お互いが計画を持ち寄って、チームとしての大きな柱を決めます。

方向性を明らかにしていないのに練習試合をしてもチームはよくなりません。すぐに秋大会だからといって経験を優先させても、中途半端なチームができるばかりです。チームのスタート時に、練習試合は一切しません。ミーティングなどのディスカッションを通して向かうべき目標を決めきることと、技術的な目安や戦略戦術を、たとえ今はできなくても頭で理解させせます。

試合をする前に、競争を意識させながら技術向上を念頭において練習に時間を使います。選手は夏休みの練習が厳しいものになります。試合をやれば特定の選手だけが動き、基本的に全体で動く時間は少なくなるので試合の方が楽です。

新チームスタートでは、1年間やっていく上での「心のスタミナ」をつけられるように厳しいことを選択します。技術的にできることを増やすという狙いと同時に、メンタルの強さも練習によってつけていく狙いがあります。

新チームがスタートをして目前にある秋、冬を過ごして次なる春。公式戦がありますがイメージは練習試合と同じです。負けようとして試合をする指導者はいないと思いますが、都度全力でやりながらも勝てなかったからといって焦る必要はありません。シードを決める大会もありますが、12ヶ月計画を考えると夏はノーシードでも良いくらいの氣概が必要です。目先だけに囚われないように、指導者を含めてチーム全体で「12ヶ月後」を意識します。

中途半端をなくし、できなかったことは繰り返しチームで共有して全員が取り組みます。12ヶ月後と腹をくくれば失敗を重ねても成長してくし、妥協することも少なくなって腰を据えて時間を重ねられます。

本番感覚が薄くなれば技術練習を中止して、ミーティングを重ねます。心が整っていなければ1日ゴミ拾いでも良いでしょう。とにかくスタートにおいてはチームの基礎である土台を作ることを最優先します。

思った以上にチーム作りがうまくいっていれば、目標の修正と同時に計画の修正も構いません。前倒しして様々なものを早めに始めてもよいです。逆に思った以上にうまくいかない場合は、次のステップに進まずに繰り返しできるまで行うべきです。

最後の最後に笑えればいいのです。焦るのは禁物です。どのようなテーマを決めて取り組むのかは大切です。12ヶ月計画の具体的なテーマを考えてみましょう。

【第1STEP】8月、9月、10月
（テーマ）土台の構築、基礎技術の向上、ぶつかり合い、本氣になる、その氣になる
【第2STEP】11月、12月、1月

（テーマ）目指す形の完結、戦略の理解、身体のサイズアップ、心の強化、学力アップ

【第3STEP】2月、3月、4月

（テーマ）激しい競争、修正レベルアップ、勝負意識、形の再確認

【第4STEP】5月、6月、7月

（テーマ）原点回帰、最後の微調整、真剣勝負

【15ヶ月計画の考え方】

勝負できる選手は、第5STEPをイメージしながら秋に勝負をかけます。夏に3年生と一緒に戦った経験をもとに6ヶ月（第4・5STEP）修正しながら勝負をします。練習試合は、スタート時には少なくしつつも途中から行っていきます。勝負をかけない選手が勝負をする選手と同じことをしてはいけません。同時並行で「今」と「来夏」をしっかりと見据えて重複する秋を使っていきます。

チームとしての話し合いを全体で行うことで、練習的なものや意識の持ちようは変わっ

てきます。秋に勝負した選手がそのまま来年の競争に勝てるとは限りません。スタートで土台をじっくり作り上げた選手が、翌年追い抜くことはよくあることです。12ヶ月勝負の選手になったからといって落ち込む必要はありません。秋が過ぎればまた激しい競争が待っています。力をつけて水面下で準備をするという心を持ち、焦ることなくじっくりと行うことです。

【第1STEP】8月、9月、10月
(テーマ)土台の構築、基礎技術の向上、ぶつかり合い、本氣になる、その氣になる

【第2STEP】11月、12月、1月
(テーマ)目指す形の完結、戦略の理解、身体のサイズアップ、心の強化、学力アップ

【第3STEP】2月、3月、4月
(テーマ)激しい競争、修正レベルアップ、勝負意識、形の再確認

【第4STEP】5月、6月、7月
(テーマ)原点回帰、最後の微調整・修正、真剣勝負

【第5STEP】8月、9月、10月
（テーマ）勝負選手⇩修正レベルアップ、原点回帰、真剣勝負
※12ヶ月計画の選手は第1STEPがテーマ

チーム強化を考えると、今までの常識が必ずしも理にかなっているとは限りません。土日の練習試合は、2試合を基本としているチームがほとんどでしょう。1試合目は主力組、2試合目は控え組が試合することが一般的です。2試合目はだらけたような試合になり、主力だった選手も集中力が続かないことが良くあります。チームとして考えれば、2試合は必要なく1日1試合が好ましいのです。土日があるのですから、控え選手の起用は2日間をベースに考えれば良いでしょう。

それに2試合行うと、当日の振り返りの時間がほとんどなくなります。試合をするから強くなるのではありません。試合を糧にして課題を出しつつ修正していくことで強くなっていくのです。

練習試合はダブルではなく、午前中に1試合を行い、午後はミーティングと課題として出たことを直ぐに行うことが大事。変則ダブル（3チームが集って1日3試合すること）

は基本的にやめた方が良いでしょう。修正確認をする場所がなくなります。
2試合どうしてもやりたいという指導者は、午後早くには終わるようなタイムスケジュールが好ましいです。1試合目のスタートを早めて、できるならば8時スタート、休憩なしで13時には終わりたいところです。2試合目は時間打ち切りでも構いません。

昼食を挟んでからミーティングと修正課題練習を行います。チームを強くしていくためには、時間の使い方が大切です。午前と午後に試合をしてやりっぱなしでは絶対に強くなりません。

午後に試合での動きの確認をしたいのであれば、紅白戦や状況を設定した試合形式の練習でも良いでしょう。紅白戦だからといって緩くなるのは弱いチームです。目的を持って本番意識で「紅白戦に見えないように」できるかどうかです。確認をしてからするのですから、午前中の他チームとの試合よりも良い動きをするかもしれません。

課題は後回しにすることなく、できればその日のうちに修正のスタートをしたいものです。時間があるから試合をするのではなく、チームを強くするために時間を有効に使うのです。チーム強化を考えて「この週は試合はいらない」と思えば、大胆に練習に切り替えることです。

１年先まで練習試合が埋まっているとか言っている指導者は、本当の先見性がありません。夏休みの練習試合をもう組んでいるのであれば、先方に申し訳ないのですが早めにお断りを入れることです。今までの慣例をぶち壊さない限り、自分の成長（チームの成長）はありません。

やってみる□　**本番で勝負できる計画を練る**

やってみる□　**強者にも通用する意識を持たせる**

やってみる□　**チームスタートは試合をしないでじっくり土台を育てる**

やってみる□　**土日の試合スケジュールを大胆に見直す**

37 正しい知識を習得する

読んだ！ □

方向性を決めるときに正しい知識は大切になります。指導者との会話で投手や打撃について理論を交わすことがあります。今の時代、情報はいかようにも入手できるので、プロ論をアマチュアに取り入れようとしている人もいます。

プロの身体能力、技術があれば可能なことを、まだまだ身体ができていない若年層の、技術力に乏しい選手に使おうとしてもうまくいくわけがありません。

中学生、高校生がスタンダードに身につけている技術。大学生以上が挑戦していく技術。確実に違いがあります。中学生でも高校生レベルや、高校生でもプロに近いレベルの選手もいるので、年齢で割り切れない部分はありますが、プロ論を取り入れられる選手はほとんどいません。

技術論は、難しくすればするほど小手先指導者が食いついていく傾向があります。プロの世界でも突き詰めていくとシンプルに戻ってきます。部分的に動作を切り出して、どうこう技術論を語る人もいますが、推奨している人は選手経験が少ない人が多いのです。技術論と「技術をどう発揮するのか（試合で使えるようになるのか）」をセットにして話す人はほとんどいません。これができればいいと理想は語るのですが、どうすればそれが試合でできるようになるのかは言いません。

優秀な機械があっても、使い方が分からなければただのお荷物です。道具を操るという感覚は大事で、試合でどのように使いこなすのかを技術論とセットで考えるべきです。

自分が学生のときに経験したものと、新しく見聞きした技術論をミックスしていると思いますが、勝っているチームの方向性をそっくりと取り入れるのは危険です。基礎的なものは、誰にでもできるものが好ましいです。

理想と計画を勘案し、明確な方向を選手に示します。習得までは時間がかかります。ちょっと試してダメでもすぐに変えるようではいけません。これという方向が決まっているのであれば、粘り強く、着実に積み重ねていくことです。

私は全国で秘密塾（※注１）という野球指導者向けの講座をしています。普通の選手でも上達していける知識を公開しています。こういった講座では、特定の選手だけに取り入れられるのではダメです。導く手法を一度知れば、それ以降長年の指導で使えます。それを基にして自分で肉付けをしていけばいいのです。正しい知識は重要です。

秘密塾は全国各地で行っていますので、一度参加してみてください。

やってみる▢ **使える道具と道具の使い方を知る**

やってみる▢ **アマチュアにプロ論は危ない**

38 質の高い準備

読んだ！ □

拙著「準備力」にも書いていますが、弱者は特に準備を重要視するべきです。野球の世界は能力もないのに行き当たりばったりで戦えば、いとも簡単に跳ね返されます。

春になると練習試合が多くなることでしょう。「勝ち癖をつける」と言っている指導者がいますが理解できません。毎試合、勝つこと（結果）に固執する指導者はたくさんいます。先を読まないその場しのぎの人に多いのですが、春の大会にエース投手を連投させて夏大会前に故障させる指導者は驚く程多いのです。

極端にいえば、練習試合で全敗してもメインの大会で勝てばいいのです。

練習試合は課題を出すことが一番の目的です。勝っても負けても内容を冷静に分析して、夏の大会までに習得させたいことを洗い出します。洗い出すだけじゃなく、何をどのようにと突き詰めていきます。

練習試合や春の大会も夏への準備であり、大きな伏線となります。練習試合などは計画に沿って行えばいいのです。この時期の投手は○イニングまで投げさせて無理をさせない。監督の中には練習試合で強豪校と良い試合をしていれば、自信を持たせるためにエース投手を「もう少し」とイニングを追加する人がいます。

監督が「いけるか」と言えば、選手は間違いなく「いけます」と答えます。「いえ、これ以上投げたら故障するかも」とは言えません。壊した経験がない投手は、どの程度までいけば壊れるのかを知りません。指導者も他人の身体なので本当のところは分かりません。

最高のコンディションで夏を迎えようと思えば、寒い春先までの期間に無理をさせてはいけません。選手のコンディションよりも自分の手柄話に興味のある人は、無理をさせます。それが無理だと感じていないのが致命的です。

目的を持って試合をするべきです。試合前に課題を明確にして、「とにかく動こう」というコンセプトであれば、どんなに盗塁死をしても繰り返しチャレンジします。相手を見ながら、自分なりに条件を整えて挑戦すればいいのです。

他からみれば、練習試合で盗塁死が5つも6つもあれば「何やっているの？」と思うことでしょう。でも、チームとして動くという課題を持ちながら、試合の中で失敗をしつつ成長させることは大切です。練習での挑戦と、試合のガチンコ勝負での挑戦では緊迫感も違います。

選手は失敗をしながら体得していくのです。試合の1回の失敗経験は、練習の10回以上の失敗に相当することでしょう。本来は練習を試合のように行いたいのですが、味方同士の紅白戦では作れない緊張感もあります。

動くというコンセプトがあるのに、試合で盗塁死をして感情的に怒鳴っている監督にはつける薬がありません。怒鳴れば選手は動けなくなります。一度や二度の失敗で、選手は怯んではいけません。大事なのは、本番（メインの大会）でできるようになることです。

失敗を恐れるような選手になれば、格下相手の練習試合では動けますが格上相手の本番試合では動けなくなるでしょう。

試合では課題を意識してプレーします。相手を観察しながら自分の動きの精度を高め、結果的に勝利することもあります。わざと負けろとは言っていませんが、本番を見越した動きが最優先です。それが失敗でも成功でも良いのです。

指導者が氣をつけるべきなのは、連戦連勝しているときです。あまりにも勝率が良ければ選手は油断します。「今年はいけるかも」と危機感を失っていきます。負けているときは、何とかしなければとがむしゃらモードですが、勝っているときは危ないのです。

昨年の秋大会、今年の春大会（特に春）で良い成績を収めると、夏大会はあっさり負けたという経験を持っている指導者も多いはずです。選手もそうですが、指導者が一番に本来の姿が見えなくなります。指導者が常に持っていなければいけないのは危機感です。指導者の「いける」という感情は、選手に油断として伝わっていきます。

勝ち続けても最終的な理想像がはっきりしていて、強者相手の対戦イメージを持ち続けているチームは油断するという流れにはなりません。都道府県大会で勝っても、次は猛者が集う全国大会です。全国で勝ち上がるイメージを持っているチームは、目前の結果に心は動かないものです。

負け続けても「最後にできるようになればいい」と確信しているチームは、いちいち落ち込みません。できないことに対してどうすれば、を考えているので落ち込んでいる暇はありません。できない原因を常に考えている選手は、今はできなくても「どうすれば」が浮かんできます。「これをしていけば……」が明確であれば、不安よりも希望が先に立ちます。

すべては本番の準備である……。

この感覚があれば本番で勝てるチームが作れることでしょう。

やってみる▢　**すべては本番の予行練習と捉える**

やってみる▢　**無理をせずに無傷で本番を迎えさせる**

やってみる▢　**結果は別として意図ありの動きを積み重ねる**

39

役割を理解させる

読んだ！□

激しい競争をチーム内で行い、本番が近づくとメンバーを選定しなければいけません。指導者としては、悩ましい時間です。ここまで頑張ってきたから背番号をあげたい、上級生だから背番号をあげたい、様々な葛藤があることでしょう。

最後の大会は、背番号を与える全員が戦力であることが絶対条件になります。学年は関係ありません。温情でベンチ入りさせるのは反対です。ただし、戦力とは試合に出る選手だけではありません。

「野球は下手だがムードを変えるような声を出せる選手」
「守れないし走れないが勝負強い打撃ができる選手」
「右打者には滅法弱いが左打者にはトコトン強い左腕投手」
「打てないし守れないが走塁感覚が鋭く相手投手を揺さぶる走塁ができる選手」

どの選手も何かが欠けていて先発選手としては出場できませんが、勝つためにピンポイントで必要な選手たちです。ナンセンスな監督は、２枚目以降の控え選手をバランスで決めますが、私は一芸に秀でた選手を選択します。勝つために自分の特徴を生かし切れる選手です。

自分がチームの勝利にどのように貢献できるのか。できないことをいつまでも嘆いている選手は必要ありません。「○○といえば俺」という強みを徹底して磨いてきた選手は背番号を与えたいです。

先発の可能性が乏しい投手は、中継ぎを意識した練習を常に心掛けていくことです。最終学年の上級生であれば尚更で、今のチーム編成で必要な自分の役回りを、指導者と相談しながら強みを磨いていきます。これは直前でやるべきではなく、できれば春くらいから特化した練習に入りたいものです。

中継ぎであれば、練習試合の中でも本番の途中登板を想定して数をこなします。途中登板するということは、エースが打たれてピンチのときです。２番目にいい投手という感じではなく、勢いある相手の火を消すような活躍が求められます。

先発投手よりも2番手投手の登板は難しいと感じます。投手交代は監督の最大の仕事です。交代は予想できるときもありますが、アクシデントも含め想定外のときもあります。身体のコンディション、心のコンディションが2番手以降は求められます。

役割分担をして、その場面場面に強い選手を作り上げる。

ジグソーパズルであれば、選手一人ひとりが一つのピースです。同じ形は一つも無く、作品としては一つのピースが欠けても完成しません。たとえ背番号を貰えなくても、選手はチームの一員として誇りを持って、自分が一つのピースだと堂々とすればいいのです。

最終的な背番号が決まってても、もらえなかった選手は技術練習をやめてはいけません。指導者によってはある時期からサポートに徹するようにしますが大反対です。

練習の割合が主力中心になるのは当たり前です。チームサポートをしつつ、学生野球は最後まで追求を止めないことです。主力が怪我をすれば入れ替えがあります。高校野球で甲子園を決めれば、また選手の入れ替えがあります。「この日まで入れ替えが可能」という日程があります。その日程を過ぎても、次のステップで野球を継続する選手もいることでしょう。歩みを止めてはいけないのです。

役割分担を受け入れて全力で行いつつも、全員が目標に向かって努力をしていく。可能性を最後まで感じながら成果を出せる選手を目指していく。勝てる指導者は、選手の可能性を最後まで引き出そうとします。

やってみる□　背番号決めに温情はいらない

やってみる□　役割を全員に理解させて全員を戦力にする

40 ベスト8以上を勝ち切る

読んだ！□

学生野球はリーグ戦もありますが、圧倒的にトーナメントが多いです。地方予選はリーグ戦でも、全国大会になればトーナメントです。アマチュア野球は一発勝負に強くなければいけません。プロは負けても明日がありますが、アマチュアは明日なき戦いなのです。

トーナメントで一番難しいのは投手の起用です。試合中の投手交代もありますが、トーナメントでどのように使い、どのように休ませるのかがポイントです。

勝てない指導者は、とにかく「エース」を先発させて、いけるところまで投げさせます。6回まで大差で、コールド勝ち目前でもエースを続投させます。

自分のチームの攻撃力によって変わるでしょうが、あなたは何点差があればエースを交代できますか？

フィールドに残しての交代と、ベンチに下げる交代とでは変わるでしょうが、早めに温存することはトーナメントを考えると重要です。交代して負けたとしても、続投して次以降負けるのも負けは負けです。天下を取るためには大胆な投手起用は絶対条件です。

トーナメント前半に連投をさせれば、最後に近くなればなるほど疲弊して球威も落ちていきます。球威が落ちるだけで済めばいいのですが、故障するという最悪のシナリオも考えられます。前途がある若者の未来を壊すのも指導者です。

一人の若者にすべてを託すのは酷なことです。投手に関していえば、数人での継投で乗り切ることが学生野球では理想です。チームスタートのときに「うちにはエースしかいない」と言っている指導者は、1年の時間があるのに育てることをしてこなかった人です。

有能な投手がいれば、負担軽減で2番手以降の育成が急がれます。

高校野球は地方によって予選試合数は違いますが、6試合か7試合で優勝になる場合が多いと思います。大会終盤になれば休養日も設けられますが、最後の2試合（準決勝・決勝）は連戦となります。

準々決勝、準決勝、決勝の3試合。ベスト8からの投手起用で天下を取れるかどうかが決まります。全国大会に余力を残していけるかどうかも大切です。みなさんは、エースと2番手の先発をどのように起用しますか？　大抵は、準々決勝と準決勝の間に1日空くことが予測されます。最後の準決勝と決勝は間違いなく連戦です。

もちろん準決勝を勝たなければ決勝はないのですが、あと3試合で全国大会が見えてきたらどうするでしょうか。それまでの勝ち進みでエース、2番手の先発選択になるとは限りません。3番手もしくは4番手も有り得ます。間違いなく全員での総力戦となるでしょうが、各試合で誰を先発投手に指名するかは重要です。相手打線によって「ハマりそうな投手」を奇襲攻撃で登用も考えられます。

【ケース1】
準々決勝…エース
準決勝　…エース
決勝　　…エース

これが一番ダメなパターンです。バケモノ級の投手でなければ耐えられません。勝てたとしても全国大会での余力は「０」に近くなります。次のステップに進み「肘が故障していた」なんてことはよく聞きます。指導者は、選手を故障なく次のステップに上げてあげたいものです。

【ケース２】
準々決勝…エース
準決勝　…２番手
決勝　　…エース

この場合、理想は準決勝でエースを短いイニングでも使わないことです。準決勝に乱打戦を仕掛けて何とか競り勝つ流れにしたいところです。

【ケース３】
準々決勝…エース
準決勝　…エース
決勝　　…２番手

準々決勝と準決勝の間に1日あるとすると、危険ですがこのパターンも有り得ます。準々決勝と準決勝を完投していなければ、決勝の後ろスタンバイも考えられます。しかし決勝は、全国大会もしくは投手の未来を考えれば使わないで終わりたいです。

【ケース4】
準々決勝…2番手
準決勝　…3番手
決勝　　…エース

準決勝で3番手を先発させていけるところまで引っ張る。3人も同等な投手はいませんという声が聞こえてきそうですが、勝負できる先発2人、中継ぎ2、3人を育成したいです。

【ケース5】
準々決勝…2番手
準決勝　…エース
決勝　　…エース

準々決勝ではエースがお休み。準決勝では最低7回で降板。決勝は6回までという試合展開がベストです。

投手が疲弊している状態での後半勝負をイメージしておくことです。精神的支柱のエース投手が登板しなくても、野手陣が動揺しないチーム作りをしておきたい。攻撃の得点能力がなければ一人の投手に頼るような野球になることでしょう。

この選手がダメなら終わり……。

トーナメントを勝ちきるには、準々決勝で負けるのも決勝で負けるのも同じという発想が必要です。大胆な発想なくして天下は取れません。最後の大会は「エースと心中」という指導者を見ていると、絶対にこの先も勝てないと思います。あいつで負けたら仕方がないという納得を取るのか、勝つために最善の策を講じるのか二択です。勝てない人は前者を選択することでしょう。

本番を想定して、12ヶ月、15ヶ月の時間を準備していく。勝てる人は豊かな発想を持っていて、かなり前から準備しているものです。周囲はアッと驚くかもしれませんが、準備をしている側からすると、自然な流れで驚くことでもないのです。

やってみる□ なるべくエース投手を疲弊させない

やってみる□ どこで負けるのも負けは負けと割り切って考える

やってみる□ 自分たちの納得を取るよりも勝ち抜く大胆な発想をする

41
兆しを読み取る

読んだ！□

勝てる指導者は、とにかくすべてのことに対して敏感です。

集合をかけて話をしているときでも選手の顔つき（聞き方）を見ながら、「ん？　おかしいかも」と察知します。何氣ないウォームアップのときでも、いつもと違う動きをしていれば「どこかかばっているのか」と疑います。朝の挨拶の声のトーンでも「ん？　何か家であったのかな」と想像します。

兆しはいつも小さく、見逃しがちです。

兆しを察知するためには、静かに余裕を持って観ることです。慌ただしくバタバタした状況であれば、見逃します。

試合でも、ちょっとした相手の動きを察知しようと観察します。観ようとして観るのです。どんな言葉に相手は反応するのか、こちらがしていることに対してどう思っているのか感じ取ります。嫌がることは徹底して行えば良いし、相手に余裕がありそうであれば揺さぶりの戦略を追加投入していきます。

私がすすめる野球は、押し引き野球（風林火山）です。相手が腰を引けば押し、相手が押してくれれば後退もしくは止まります。絶妙な距離感で、相手を揺さぶり自分たちの流れに持っていきます。考え方の出発点が自分になれば、距離感を維持できません。相手が考え方の出発点になれば、今自分がするべきことが見えてきます。

相手を見ながらなので、戦い方は固定したものにはなりません。相手によって変わるので、どんな敵にも対応していけます。臨機応変とはまさにこのことです。

兆しを読み取れなければ打つ手は一歩遅れます。この瞬時の遅れが致命的になります。兆しを読み取る指導者になるためには、当たり前の実践なども自分の意思で素敵に行っておくことです。兆しを読み取るということは、氣づき力を上げるということです。

兆しにすべて反応する必要はありません。兆しにも種類があり、取るに足らないものがあります。兆しの段階でアクションするべきこともあるので、取捨選択する眼力がなければいけません。ここは積み重ねた経験がものを言ったり、研ぎ澄まされた第六感が助けてくれることでしょう。もしかして野球の神様が手を貸してくれるかもしれません。試合の中で、指導者は色々なところを見て情報収集できるかどうかです。相手はもちろんのこと味方選手についても空氣を読みつつ、かける言葉を考えなければいけません。

サポートチームでは、練習試合でベンチに入ることがありますが、近くで選手を見ていると選手の感情が手に取るように分かります。

力んで結果を出そうとしている打者、打たれて意氣消沈して引きずっている投手……。選手の状態によってかける言葉は変わってきます。腰が引けていれば喝が必要でしょうし、油断していれば強者の戦いで具体的な指示を出すことです。その時々のベストな言葉をかけるのが勝てる指導者です。

やってみる▢　**小さなことに氣を止める**
やってみる▢　**いつも余裕を持ち観察する**
やってみる▢　**考え方の出発点は相手**

42 一点突破を貫く

読んだ！ ▢

チームスタートのときに「できるまでやらせる」ということを実践したならば、選手に我慢力は身についているはずです。

弱者は、強者と普通に戦えば間違いなく一蹴されます。技術能力が高いチームに、正面からぶつかっても跳ね返されるだけです。最初は、奇襲的な戦略で相手を揺さぶることが上策となりますが、ここに粘り強さが加わらなければ突破口を見つけられません。

「一点集中、一点突破」

強者は崩されると思っていないので、突破口が開くと焦ります。序盤での突破が、弱者が勝つための条件になりますが。前半で積極的に動いてダメでも深刻に考えることはありません。

最初は一点を突っつけば痕がつくだけです。何度も同じところを突っついていればヒビが入ってくることでしょう。ヒビが入れば、穴が開くのは時間の問題です。ダムの決壊をイメージしてください。あれだけ強固だったと思っていたものが、もろくも崩れ去ります。

強者も自分のリズムにならなければ、考えられない動きをするものです。弱者が最初に腰を引けば、強者は問答無用で弱者を飲み込みます。弱者が氣がついたときには、もうコールド負けです。

弱者は、スタート時にトップスピードに入れるかどうかが大切です。「条件が整えば力を発揮する」「崖っぷちの背水の陣になれば火事場の馬鹿力を発揮する」、これでは遅いのです。

相手が強者でも、スタートでいきなり普段の動きができるかどうか。文字にすると簡単ですが、実際に名前負けせずに試合開始と同時に相手に襲いかかることは容易ではありません。返り討ちに合う覚悟も必要ですし、噛み付くチャンスが来れば躊躇なく全力で噛み付くことです。

前半の戦いで先制攻撃に成功した場合、中盤以降の戦い方は考えなければいけません。

最初は噛み付くことに集中すればいいのですが、そのあとに敵がどうしてくるかは問題です。噛み付きに対応できていないのであれば、やり方を変えずにとことん噛み付けばいい。対応変化してくるのであれば、それに合わせたやり方を臨機応変に取ればいいのです。主導権は握っているので、揺さぶりの方法は変えても揺さぶりは止めてはいけません。絶妙な揺さぶりの距離感も大切です。

一度噛み付けば離してはいけないのです。噛み付きつつ、違う攻撃を仕掛けていく。

貫く……。

状況判断して貫く流れであれば（相手が対応できないのであれば）、一氣に押し切ることです。過去の勝てないチームを見ていると、弱者が強者をコールド寸前に追い込んでいるのにピタッと押せなくなることがあります。噛み付いているのに、自ら腰を引いて外します。

8−2で6点差。高校野球であれば7回で7点差にすればコールドゲーム成立です。弱者が有利な展開にびっくりするか、勝てると思って油断した瞬間に隙が生まれます。

攻撃の手が止まれば相手は息を吹き返します。もしくは流れを変えるようなミスをして腰が引ければ一氣呵成に相手は押し込んできます。終わってみれば８－９で負けたりします。千載一遇のチャンスを逃してしまったチームを何度も見ています。

相手が目覚める前に、貫き、押し切れるかどうか。

相手が目覚めたときに、次の新しい戦略で混乱させられるかどうか。

チームサポートのとき私は軍師的な役割を担います。ゲーム前のコンセプトと変化の仕方、弱者が勝つための細かい戦略と準備が必要です。

試合中の徹底は、普段の積み重ねも関わってきます。弱者は自分たちが揺れないこと、相手をいかに揺さぶることができるかで勝敗が決まります。

やってみる□　**試合開始前半３回（中学野球は２回）までに相手に噛み付く**

やってみる□　**噛み付いた後が本当の戦い**

やってみる□　**徹底の鬼となる**

43 駆け引き上手になる

読んだ！ □

指導者同士の会話で、実践している弱者の戦略を話してしまう人がいますが、少し考えたほうがよいと思います。一発勝負の世界なので、不利になるようなことは極力発信しないほうが利口です。

思いやスピリット、考え方などは積極的に伝えて良いと思いますが「やり方」まで公言することはプラスではありません。自分のチームも不完全で成果を上げられていないのに、あたかもできているように話すのは氣持ちが良いかもしれませんがマイナスです。

試合後に、監督同士で話すこともあるでしょう。

例えば弱者の戦略を駆使してうまくいったときには、相手監督が「どんなことをされているのですか」と聞いてきます。

「選手が勝手に動いているので……」
「私も想定できない動きを……」

選手が自由にやっているような感じに話せばいいのです。自分がお金と時間をかけたものを公開する必要はありません。勝負の世界はお人好しではいけません。タヌキのようにとぼければいいのです。

戦略だけ伝えても、根本からやっていないチームは使えないで終わります。使えないからと思い、話す人もいますが使えない道具を使えない人に与えるのは酷です。その人も得をしたように聞くでしょうが、使えない道具を持つことは不幸なことです。目前の人にとっても知らせないほうが良い場合もあります。

試合中の弱者は駆け引きの連続です。相手チームとの駆け引きはもちろんのこと、味方選手との駆け引きも大切です。あえてプレッシャーをかける選手と、プレッシャーを与えないほうがいい選手がいます。

本番以外の試合で、プレッシャーに強くなって欲しい選手には、常に結果を求め、意識させます。結果を出せというプレッシャーの中でも、自分の動きができるように精神的な強さを求めていきます。チームの支柱である４番打者などはこの対象です。

「4番打者であればここで結果を残さなければいけない。チームの明暗はお前にかかっている。とにかく結果を出せ！」

結果思考になりながらも、今までやっている動きを考えながら冷静に動けるか。ここぞという場面で、弱氣の虫が出ないように常に強さを求めていきます。主力選手は、レベルを上げてやり取りします。求めるものも一段階上げてプレッシャーをかけます。

もちろん、本番大会ではプレッシャーをかける言葉は使いませんが、育成の段階では求めていきます。

主力以外の選手は、動きに集中できるように肩の重荷を取り除いてあげます。主力のようにやれば潰れていくので、その選手ごとのレベルで接することは大切です。

「まさかお前は期待されていると思っていないよな。今までしている考え方と動きを意識すればそれでいい。結果は二の次だぞ。頭の整理をして大胆に動いてこい」

動きに集中させた方がいい段階の選手であれば、行動思考にさせて動かせて、主力に昇進したときには、結果を意識させながら行動思考プレーを求めていけばいいのです。

選手との駆け引きができる監督は、言い換えれば選手をコントロールできる人です。味方選手をコントロールできない指導者が、試合で相手をコントロールできるわけがありません。

試合の外でも指導者は駆け引きを意識したほうがいいでしょう。大人としての最低限のお付き合いはした方が良いと思いますが、それ以上に特定の指導者とべったりするのは反対です。相手の情報を聞き出すということも大切ですが、あくまでも戦う相手です。

「他の地域だから……」
「予選で当たらない相手……」

こう思っている時点で、今いる都道府県を出ることは難しいでしょう。他県でも全国大会では直接の敵になります。転勤すれば目前の敵になるかもしれません。自分の風呂敷の大きさによって、言動も変わってきます。先見性のある指導者でなければいけません。

勝つと周囲から聞かれることも多くなりますが、戦略の公開はなるべく避けて、指導者を引退してからするとよいでしょう。ときには、講演依頼がきますが、現役の監督が講演をするのは控えたほうが利口です。受けるとしたら、内容は言わずに心の部分だけを公開しましょう。

講演をするデメリットは、まだまだ不完全な自分なのに話をしているうちに何となくできているような錯覚に自分が陥ることです。

どんな世界でもトップは孤独です。孤独なのが当たり前で、それに耐えられない人は崩れていきます。自信がなく秘めることが苦手な人は、ペラペラ話します。口数の多い人に凄い人はいません。他人に話して安心をして優越感に浸りたくなるのです。

私は地方高野連監督会議の講師として話すこともあります。終了後の懇親会では各監督の様子をみます。この都道府県でいつも勝っているチームはあるでしょうが、それ以外のチームの監督が「俺が次のトップだ」と野心を燃やしている人がいるかどうかを観察します。同じ会場にいますが敵同士の空間です。私はタヌキなので、こういった会場でも自分を偽り振舞うことができます。ススっと強豪チームに近寄って、引き出したいことをうまく聞き出します。

大人の自分が、大人の戦いで勝てないのに選手に勝てといっても無理です。まずは自分が先陣を切らなければいけません。ごまをするのではなく、表面上リスペクトしつつ情報戦を制します。

強豪チームの指導者と話せば、「えっ、この程度の人なのか」と驚くことでしょう。チームが勝っているので、どうしてもその人を過大評価しています。言葉は悪いですが、実際に話をすると「ただのおやじ」ということもあります。深いと思っていたことが、実は浅かったりします。浅く演じているのではなく、本当に浅いのです。

指導者の世界でも名前負けがあります。勝っている要素を紐解いていけば、優秀な選手を集めているからという場合が多いのです。育成はまったくできていなくても選手の素材だけで勝ち上がることがあります。指導者のレベルは低いのに、勝てば下部組織から「あそこは強い」と有能選手も入部してきます。

私の話を聞いたあとに、何かを引き出そうと近づいてくる指導者は野心がある人です。ここで聞けない、行動できない人は、今までの殻を打ち破れないで終わることでしょう。

ある指導者は「遠藤さん、手帳を出してください。いつ空いていますか」と積極的に掴もうとします。全国大会に出場するまでにチームを成長させていくためには、大会でZONEを経験しなければいけません。ZONEとは、何をしてもうまくいくような流れです。やることなすことプラスに転がっていきます。自分たちがビックプレーをして、相手が勝手にコケてくれる状態です。

ZONEに入ったことのない人は、入ることが難しいと言われています。その経験がある人を身近に置くことで、自分もその状態に入れるようになります。私は何度もZONE経験があるので、賢い感度の高い指導者は接近してきます。

駆け引きを制する人は、選手を成長させることができ、試合を制することもできます。どのタイミングで、誰と、どのように、何を着地点として駆け引きをするのか……大事なポイントです。

やってみる☐ **必要以上に他の指導者と仲良くしない**
やってみる☐ **情報戦を制する**
やってみる☐ **たぬきおやじのふりをする**

44 試合でのテーマ＆キーワード決め

読んだ！□

試合に勝つためにどのような準備をして、試合の中でどのような指示を飛ばすのかを整理したいと思います。相手はどんなチームなのかという情報は重要です。軟投派投手、速球派投手、それぞれによって打者が意識することは変わります。打ち方は変わりませんが、打者が意識することは変わるのです。相手打者も広角に打ち返す打者、何でも引っ張りにかかる打者では投手の攻め方は変わります。

相手によって意識することは変わってくるのです。

チームサポートする場合、必ず相手の情報を目で見て入手しますが、試合前の選手ミーティングではジャンル別にテーマを決めて選手に伝えます。選手は何となくプレーするのではなく、相手を把握しながら自分が意識することに集中してプレーします。

試合前ミーティングで、たくさんのことを伝えたいと思いますが、たくさん伝える人は成果を出せません。選手の読解力によって与える情報の量は変わると思いますが、私の今までの経験で感じるのは「30分~40分」が限界時間です。

第3章「34」で書いてある「成果に繋がるミーティング」の手法を使って先に選手に問いかけます。「お前たちならどうする?」と話をさせてから、各ジャンルにテーマとキーワードを与えます。

試合の中で大きなテーマを掲げ、ジャンル別には意識するキーワードを伝えます。色々考えることはあると思いますが、ジャンルに与えるキーワードは1つ、多くても2つにします。今のチーム(選手)状況と相手能力を勘案しながら絞ります。

実際にチーム指導して選手に伝えたテーマとキーワードを紹介しましょう。

【試合テーマ】 挑戦者

挑戦者の感覚になることは簡単ではありませんが、心底から選手が挑戦者になった瞬間にミスに対しての感覚が変わります。王者的な感覚であればできなかったときに落ち込みます。

「えー、やっちゃった」「こんなはずじゃない」

試合の中で心が揺れれば、ミスの次にミスを重ねていきます。できるというプラス思考は大事なのですがミスした後を考えると、アマチュア野球はミスを前提に考えた方が良いです。

挑戦者的感覚になれば、ミスをしても当然と思います。ダメ元という考え方を持つことで、やってしまったことに対して切り換えられます。できなくて当然なのですから落ち込みも最小限になります。挑戦者は常に「次」という攻める心を持てるのです。

ミスをしても揺れないために「挑戦者」という大きなテーマを設けました。ミスをしたときのルーティンも決めていました。ある内野手に「だよね担当」を言い渡したことがあります。ミスをしたときに「……だよね！」と言わせていたのです。

投手が四球を出せば、「2死から四球……だよね！」笑顔で挑戦者なのだから仕方がないと切り換えをさせます。引きずるのではなく切り換えられるキーワード「だよね」、意外に効果絶大です。

チームとしての大きなテーマの次に、各セクション別にキーワードを選手に伝えます。

【打撃部門】　ベルトGO

私の野球には、打撃のときに様々な考える目安（ポイント）があります。それらをすべて考えることは試合ではできないので、1つだけ選択して伝えます。相手投手は速球派で球にバラつきがある。低めのスライダーを武器に空振りを取れる投手だとします。低めに手を出すなと言うよりも「ベルトGO」の合言葉で試合の中では徹底して意識をさせます。ユニホームのベルト付近の高さに意識を集中させて振れということです。

球種を狙って打つ（狙い打ち）、ストレートを狙いつつ変化球に対応して打つ（対応打ち）、両方の場合でこのキーワードは選手の動きを良くします。高めのボールに手を出さなくなったり、ストライクからボールに切れていく低めのスライダーを我慢できたりします。キーワードを２つにすると１つが薄まります。選手によっては２つでも大丈夫の場合がありますが、３つ与えると１つも意識できなくなります。

チームとして１つにするのではなく、選手ごとにキーワードを変えるのもありです。ベルトＧＯが期待できる打者には違うキーワードを渡します。

・「内側から押し込め」
⇓ドアスイングが激しい打者には、球の内側半分にバットを入れて（当てて）押し込んでいくことを意識させます。

・「トップ３」
⇓トップで力む打者には、トップでグリップ握る力を10のうちの３で握るよう意識させます。

打者によって何を強くイメージさせると良いのか。意識させることによって選手の動きは変わってくるので、与えるキーワードは慎重に決めると良いでしょう。私は過去の経験から打者が意識するキーワードが何十もあります。その中から「これ」と判断して選手に伝えます。

【投手部門】　ストライク先行（閉じドン）

打たれることは仕方がありませんが、四死球は良い方向に作用しません。四死球を嫌う指導者は多いのではないでしょうか。

投手が打者を抑えるポイントはたくさんあります。そのなかで、コントロールが不安定な投手によく使うのがストライク先行。ストライクを先行するためには、2つの条件を絡めて狙わない方が良いのです。2つの条件とは、「1高低、2コース」です。外低めは条件を2つ絡めた言い方です。2つ絡めると狙う場所は「点」になり、窮屈な考え方になります。

投手は打者を抑えるために「腕の振り」が重要になりますが、コントロールが不安定なのに狙い過ぎれば腕が縮こまります。仮に狙ったところに投げたとしても置きに行ったようなスピンのかかっていない球は、ファール&痛打される可能性は高いです。

閉じドンとは、右投手であれば体重移動のときに左肩を閉じて（開かないで）、リリースのときに一氣に「ドン」と腕を振ることです。選手に難しい言葉を使うのではなく、イメージしやすく脳裏に残る言葉を選択します。ちょっとふざけたような「閉じドン」ですが、試合の中で野手から「閉じドン忘れるなよ」とか伝えやすい言葉でもあり、ムードも悪くなりません。

・「1センチバック」
⇓体重移動のときに頭が突っ込む投手に、お尻から体重移動できるよう足を上げたときにセカンド方向に自分の頭を1センチ近づけるように意識させます。

・「1・4秒リズム」
⇓コントロール不安定でばらついてくるとフォームが遅くなる投手に、投球動作が始まってから捕手が捕球するまでの時間を1・4秒で投げるよう意識させます。

状況によって意識するべきことを変えて伝えますが、投手のフォームではなく相手打者攻略のキーワードを与えるときもあります。

【守備部門】　最少失点

野手ミスの原因を探ると、「そこで無理する？」とか「そこはいくだろ」と思うことがよくあります。失点が許されないと思えば、野手は固くなり動きも悪くなります。ギャンブルしなくても良いときに無理をすれば傷口を広げます。大きなコンセプトを意識させることで、「ここは攻める」「ここはひとつでいい」という分けができるようになります。

考える方向性によって守備位置も変わるし、優先するターゲット（勝負する走者）も変わります。対戦しているチームによっても違いますが、前半のイニングで前進守備を引いているのには驚きます。1点もやらないと考え、大量失点している場面を何度も見るのです。

・「手榴弾」
⇓ 球を手榴弾だと思わせます。手榴弾なのですから雑に扱えば大変です。グラブに入るまで目を切らせないようにするために、危険物だと思って守らせます。

・「会話をする」
⇓ 何を意識するのかを守っている野手全員が周囲の選手と共有します。お互いに言葉を交わすのが会話です。シフトに関して、意識することに関して、投球前に確認させます。

抽象的ではなく選手が強くイメージできるように、試合の中で展開によってキーワードを変えても良いでしょう。監督が試合をするのではなく、あくまでも選手が自分で動いて試合を作ります。テーマとキーワードを与えるだけで選手の集中力も増します。

試合終了後のミーティングでは、テーマやキーワードに沿ってやり取りができます。結果でやり取りをするのではなく、意識するべきことを最後まで意識できたかどうかは大事なことです。

このようにサポートチームには必ず試合ごとのテーマを設けます。積み重ねていけば、「このキーワードを与えると活躍する」などの目安もできます。逆にこれを与えるとダメだなというものも分かります。

選手は進むべき方向性が明らかなほうが動きやすいものです。何もなく「どうぞ」と試合をして、「ほらな」と叱られたら消極的な選手になっていきます。指導者はサインを出して試合をコントロールするだけが役割ではありません。私の野球は、選手が持っている力を大胆に発揮させることを一番に考えています。

メジャーで使う野球用語に「グリーンライト」という言葉がありますが、グリーンライトとは青信号のことです。走者は行けるタイミングで自由に盗塁をしてよいということですが、私が目指す野球は「グリーン野球」です。本書では、詳しい話は控えますが、青信号では左右の車を確認して自分の意思で渡ります。

テーマを与えて、あとは自分の意思で大胆にプレーして欲しいと願います。中学軟式野球は細かい無数の作戦サインがあります。否定はしませんがマニュアル化しすぎて私が目指すグリーン野球からは遠ざかります。

高校野球では「バント野球」が主流です。

「エントモさんが指導しているチームは送りバントが少ないですね」

少ないかもしれませんが、しないわけではありません。状況を考えながら必要ならば、監督さんが選択して行います。選手の能力を最大限に引き出す野球、結果ばかり氣にし過ぎてマニュアル化する指導者は多いですが、本当に成果に繋がっているかと思えば意外にそうじゃないと感じます。

技術的な目安、試合に勝つための詳しいことは次の本に書きたいと思います。すぐに知りたい方には、「エントモ会」（※注５）があります。入会した指導者に限り「考える野球ホームページ」を閲覧できます。ホームページには詳しい戦略を含めて技術的な目安も公開しています。興味ある野球指導者の方は、どうぞ入会してチーム（選手）に還元して欲しいと思います。

やってみる□　大きな試合のテーマを決める

やってみる□　部門別にキーワードを決めて意識させる

やってみる□　キーワードは１つ、多くても２つまでにする

第5章

45

野球指導者ノート「365日の挑戦」を活用する

自分自身が監督だったら、こういったことをチェックして日々意識しながら改善修正していきたいと思ったことを形にしました。選手の育成を管理しながら、自分の足元をしっかり見ていくことが魅力ある指導者へと繋がっていきます。

本書に書かれていることを自身で管理しながら成果を出していく。

「365日の挑戦」という野球指導者専用のノート。このノートを日々使いながら本格的に自己変容をしていきます。選手にばかり「変われ」と言ってもダメです。指導者自身がレベルアップして変容していかなければ選手の成長も望めません。

未来どうなりたいのかを明確にして理想をハッキリさせた後はとにかく実践です。

この章ではどのようなノートになっているのか説明していきましょう。行き当たりばったりでチーム作り、自分作りをするのではなく理想と計画をハッキリさせましょう。

※これ以降の文章は、「365日の挑戦」を購入の上、照らし合わせながら記入するための参考書として読んでください。

①カレンダー（1年間の日々スケジュール、1年間1ヶ月ごとスケジュール）

1ヶ月スケジュールでは、練習試合の予定などを書き込みます。学校行事や大事な事柄は野球以外でも記入します。このノートはいつからでもスタートできるように自分自身で曜日を入れ込むスタイルです。私であれば、数字に蛍光ペンを塗ります。土曜日は青、日曜祝日は赤のマークをします。

選手向け考える野球ノート（※注2）では、私なりに選手が意識する1ヶ月ごとのテーマを書いています。指導者も同じで構わないと思いますが、指導者としてのテーマを書いて1ヶ月意識することは大切です。選手の各月のテーマは、

1月　試合感覚
2月　我慢忍耐
3月　爆発
4月　競争
5月　原点回帰
6月　行動思考

7月　全力
8月　方向決定
9月　基本反復
10月　失敗上等
11月　身体強化
12月　食欲増進

1ヶ月のテーマを決めて、意識することで力はついていきます。選手に考える野球ノートを持たせながら、同じようなテーマを指導者も共有してチェックしていくのも良いでしょう。何となくではなく、ハッキリさせて日々を過ごすのはエントモイズムの鉄則です。

②志、夏目標、秋目標シート

何事もスタートのときに「志」を決めるべきです。指導者が「何のために」がぶれていると、時間の経過と共に自分のプライドのために行動したり誤った方向に行きかねません。志が一番先にあって、次に目標があります。

この目的を達成するために、この目標を道具として使う……これが本当の姿です。

大きな志、大きな目標を掲げたときに覚悟が求められます。覚悟とは捨てることです。何を捨てて、何を得るのかという考え方。指導者として律する（制限する）ことでハングリーさや厳しさを大きくしていきます。

高校野球のメイン大会は夏ですが、甲子園に繋がるものとしては秋大会も同等の位置づけとしている指導者も多いと思います。チームのレベルによって、「夏⇓夏」というスパンで考えますが、「夏⇓夏&秋」と勝負をかける場合もあります。

スタートする前に「何を目標にするのか」を決めます。目標は2つ明確にします。

1）　大会目標（どこまで行くのか）目に見える成果

2）　育成目標（どんな選手を育てるのか）目に見えない成果

目標を明確にするからこそ言動は変わっていきます。監督自ら「ちょっと無理かな」と思えばすべてが緩くなっていきます。目標は自分を動かす道具に過ぎません。現実的な低い目標ではなく、ちょっと厳しく難しい目標を立てながら自分を奮い立たせるのです。

育成目標は、この大会までに「○○な力をつけさせる」というテーマを決めます。例えば、相手目線ができる選手を作るとか。相手目線というキーワードで、徹底的にすべてのことについて選手に問いかけていきます。こだわり続けて初めて力になっていきます。

チームを強くしていく育成計画も大事ですが、選手個別の育成計画はもっと大事です。チームは個の集合体です。弱い個を集合させても力は発揮できません。一人ひとりの選手と対峙していくために現状把握をして理想を掲げます。現実と理想を知るとギャップが生じます。ギャップを埋めていくために必要なのが計画です。何を重視してギャップを埋めていくのか……。一人ひとりに細かい計画ができればいいのですが、時間的な制約もあるのでここでは【キーワード】を決めると日々の指導もしやすくなります。

③12ヶ月&15ヶ月&新入生計画表

3ヶ月ごとに区分けしてテーマを決めます。テーマは羅針盤です。闇雲でもがむしゃらでもなく、明確な方向性を決めて行動します。計画は抽象的になってはいけません。心技体で細かく考えていきます。

心　⇓　揺れない・動じない心を作るために何をしていけばいいのか。
技　⇓　打撃・走塁・守備・バッテリーの4分野についての段階的計画。
体　⇓　体重や筋力など、具体的に勝負できる体作り計画。

15ヶ月計画は、夏以降の秋も勝負できそうなときに策定します。新チームで下級生の主力が多いとか、主力投手が下級生だった場合が当てはまります。15ヶ月計画で大事なのは、下級生と新入部員です。最上級生だけに目を向けることなく、下から突き上げる新戦力を起用&重視していきます。

12ヶ月計画は、秋は度外視して新チームがスタートしたときから来夏を意識します。新チームになったらすぐに秋目前ですが、秋は意識することなく土台作りに時間をかけます。力がないのに秋を意識しすぎると、中途半端なチーム作りとなり来夏は散々たる結果になります。12ヶ月計画は「じっくり」がキーワード。足元から見直すようなイメージをして計画を作り上げましょう。

STEP1（8月、9月、10月）
STEP2（11月、12月、1月）
STEP3（2月、3月、4月）
STEP4（5月、6月、7月）
STEP5（8月、9月、10月）※15ヶ月計画の場合記入

計画表を細かく書くことは重要です。計画は都度進捗具合によって修正して構いませんが、基本となる計画がなければ修正もできません。ある程度の道筋をスタート時に決めましょう。

秋大会、もしくは2年後の夏に向けて新入生の計画は大切です。入部して声出しや雑用に時間を割いていては育成できません。入部してすぐは余裕のない彼たちに仕事を与えることなく、自分のことに集中させるべきです。

心技体について4月、5月、6月、7月の4ヶ月間の計画を練ります。入部前に選手と接触できるのであれば、「入部前にしてきてほしいこと」を伝えると良いでしょう。大抵は前のチームを引退すると無駄な時間を過ごします。意識が低くなり緩くなって行動も鈍

ります。伸びる時期に停滞させていてはもったいないのです。

入部してからは、チームの方向性や決め事を教え込むことが（当たり前の実践目安、技術の形や戦略など）メインになると思いますが、まだまだ身体ができていないので食べる目標（体重増加計画）、トレーニング計画も大切です。投手であれば球数管理をして1年生のひ弱なときに無理をさせないことです。

1年生を故障なく8月を迎えさせるのは綿密な計画があれば可能だと思います。1年生としてもハッキリとした「意識するべきこと・やるべきこと」があれば集中度も増します。1年生は勉強も大切です。最初に躓けば、後々授業についていけなくなります。勉強計画も「考える野球ノート」（※注2）を使いながら浸透させるべきでしょう。

野球はうまいけど漢字が書けない……。一般常識やモラルがない……。野球バカを作ってはいけません。新入生は覚えることがたくさんありますが、何事もスタートが大事です。一歩目がスムーズに出せれば流れるようにうまくいきますが、逆に一歩目に躓いてしまえば後々悪い流れが続いていきます。

選手向けノートには、当たり前の実践についての詳しい目安も書かれています。ノートに書かれている目安を使い、1年生だけのミーティングを実施すると良い人材育成になります。大抵は、前のチームでは意識したことのないことばかり。適当の中で野球をしていたと思って、新入生と対峙することです。「えっ、こんなことも知らないの」と思ってはいけません。できないのが当然、知らないのが当たり前と思って新入生と接しましょう。

リーダー育成計画は、5分野について深めていきます。全体的にというよりも主将（リーダー）候補を下級生のときに（1年生&2年生）チョイスして力をつけさせるために試練を与えてきます。

厳しい試練を与えていくと「ん？　こいつはリーダー向きではないな」と思うときもあります。そのときには新たな候補生に交代です。資質がない者に意識行動させても時間の制約があるので難しいのです。2年生の夏にはある程度完成するのがベストです。新チームになって主将を決めて「そこから主将らしく……」ではダメです。下級生のときに計画して行動を積み重ねさせることで最上級生になれば「こいつしかない」となることでしょう。

④公式戦シート（4大会）春・夏・秋・その他

公式戦での大会展望（理想）を書きながら、試合の方向性を決めます。◯◯ができるように、他チームに◯◯なイメージを植え付ける……などテーマを明確にします。

大会1ヶ月前には、指導者が思い描く打順や守備をハッキリさせます。1ヶ月前から選手の動きを見極めながら入れ替えをして修正します。最初は今時点の選手の資質を考え、理想に近い選手を当てはめていきます。

例えば、

1番　ジャスト勝負できる走力、選球眼良い、特攻隊長、忍者タイプ
2番　ジャスト勝負できる走力、選球眼良い、できれば左打者、忍者タイプ
3番　ジャスト勝負できる走力、できれば左打者、プルでもよし
4番　勝負強い、落ち着きがある、変化に強い、お掃除屋さん
5番　読むのがうまい、初球に強い、広角、お掃除屋さん
6番　確実性、つなぎ、機転、ズルさ
7番　意外性、ドカン、一点集中

8番　投手、選球眼良い
9番　ジャストで勝負できる走力、選球眼良い、隠れ1・2番
代打　右投手、左投手にぶつける代打

などという指導者が打順に求めるキーワードを書いて、そこに候補選手をはめていきます。

投手についても求める資質を書き込み、それに沿った投手を選定します。

先発候補（人数）　立ち上がりストライク先行、思い切り、腕振りアバウト
中継候補（人数）　インコースの突っ込み、大胆さ、攻めの心、閉じドン

大会前に決勝までの投手起用を考えます。当然、試合の流れによって変動していきますが、順調にいったと仮定してはめ込んでいきます。

※先発2人(①②)、中継2人(③④)、野手投手1人(⑤)と仮定
1回戦　　先発②（6回)、中継②（3回)

2回戦　先発①（5回）、中継③（2回）、野手⑤（1回）
3回戦　先発②（7回）、野手⑤（2回）
4回戦　先発①（7回）、中継④（2回）
準々決勝　先発②（5回）、野手⑤（1回）、中継③（3回）
準決勝　先発①（7回）、中継③（1回）、中継④（1回）
決勝　先発①（6回）、先発②（3回）

打線が活性化して得点力がついていれば投手起用は楽になるはずです。試合の中で監督の一番の仕事は投手交代です。投手をどのようにフレッシュな状態で登板させられるのか。先発投手だけじゃなく、2番手以降の投手についても具体的に考えていく必要があります。

疲弊しないように投手管理しながら大会を勝ち進む計画は重要です。大会中は、先見性を持ちながら投手起用をしていきたいものです。

⑤GAMEシート（100試合分）

毎試合、6分野について試合前にテーマを決めます。選手はテーマを頭に入れながら動きますが、指導者もテーマを意識しながら選手の動きを注視します。練習試合で大事なのは、テーマに沿って選手は意識して動けているかどうか。夏大会本番では監督が掲げた徹底事項を選手はどのように体現していくかです。よって、どんな練習試合でもテーマを選手に与えて、意識させながらプレーさせることは重要です。結果を残すことが大事なのではなく、プレー前に準備として頭の整理ができているかどうかです。

無意識に自分勝手にプレーするのは能力勝負です。弱者がこれでは勝てません。プレーがスムーズに行えるよう「これ」と意識することは重要です。テーマはシンプルで1分野に1つ、多くても2つ程度にします。多くすると選手はプレーに集中できず、意識するレベルも低下します。多くすることは指導者の自己満足に過ぎず、選手の動きを考えると少なくした方が良いのです。

1）打撃
2）走塁
3）バッテリー
4）守備
5）当たり前の実践

6）ベンチワーク

6分野でのテーマを明確にして、試合後GOOD（できたこと）・BAD（できなかったこと）を書きます。特に氣になったプレーなどを書き留めます。うまくいってもいかなくても「なぜ」を突き詰めていきます。次戦までの時間で改善できるように「何をするか」をチームとして明確にします。試合後のミーティングでは6分野について選手が深めていきます。エントモ考える野球DVD（※注3）の成果に繋がるミーティングを参考にして、私が行っている司会をチームリーダーが行います。

選手が6分野について深めてから、指導者が感じたことを指摘します。選手より指導者が先に指摘すれば選手は考えなくなります。「はい」で終わると、自主性がなくなり改善も人任せになるのでミーティングは選手先行が鉄則です。

試合前テーマ決定　⇓　試合後現状把握　⇓　原因追及　⇓　改善方法

練習試合の数をこなせばチームが強くなるのではなく、この流れを毎試合することで修正すべきところは改善され、うまくいっていることも「こうすれば」と目安ができてチームは後退せずに前進していきます。強者に圧倒的に負けても、弱者に競り勝ってもチームは成長の流れに乗っていきます。

結果だけを考えれば強者に歯が立たず収穫なし……と思うことでしょう。弱者にお付き合いしたような試合展開になって何やっているのよ……と思うことでしょう。それは上辺だけの結果しか見ていない指導者の思うことです。テーマを決めながら試合を重ねていけば、結果は別としてどんな試合でも「次」への課題が見つかるはずです。

できることを増やしていく。
意識しないとできないことを無意識にできるようにしていく。

最後は「無」でも身体が動くようになれば達人の域です。感覚や調子だけでやることなく、頭の整理をしながらチームを育成していくのです。ミーティングは自主性へと繋げてくれるのです。GAMEシートに試合中でもメモを書き込み、忘れないようにします。試合の采配よりも、課題を見つけることのほうが大事です。練習試合ではサインで選手を動かすことを考えるよりも、方向性を試合前に示してグリーン（青信号）に動かせるべきです。自分で状況を把握しながら（相手を見ながら）、自分で判断して大胆に動いていく。グリーン野球はマニュアル野球ではありません。自分でシナリオを決めて、相手を自分のペースに巻き込んでいく野球です。

⑥デイリーチェック表&1ヶ月チェック表

デイリーチェック表では、毎日行う当たり前の実践について就寝前にチェックします。自分自身のことと、選手に関することを毎日のように確認します。1日を振り返り、明日の指導で何を重視するのかを書き込みます。1日がそれで終わりではなく、翌日に繋げて物語のようにしていきます。4項目の整理整頓（車、机、監督室、靴を揃える）、6項目のチェック（部室、道具の置き方、返事、グラウンド整備、指摘改善、選手との会話）についての点数評価してその理由を書き記します。

改めて書くと「ハッと」して氣がつくことがあります。チームの当たり前の実践の精度が上がらないのは、指導者の確認不足がほとんどです。選手を信用するのは良いことですが、まだまだ未成熟な若者です。やっているつもりになっていることがほとんどで、プラスの軌道に乗るまでは指導者からのチェックは重要です。

1ヶ月のチェックシートは、デイリーチェック項目を総括します。1ヶ月を一区切りとして、次の1ヶ月への道標としていきます。10項目だけではなく「本氣確認シート」にも記入します。今の自分の本氣度はどの程度なのか自問自答します。

本氣モードであれば、どんな言葉を使っても選手に伝わり浸透していきます。逆に本氣度が低ければ良い言葉を使っても選手には伝わらないものです。「選手は何やっているのか」と非難する前に、自分の本氣はどうなのかを考えると良いでしょう。

選手は自分自身です。目前の選手は、鏡に映っている自分自身です。

毎日のチェック表は、記入時間はたった3分程度です。選手向けの考える野球ノートも記入時間は2分程度です。この2、3分程度のことを継続できない人は、何をしてもうまくいきません。このノートを通して選手と共に「継続できる人」へ近づいて欲しいと願います。

月1回のチェックシートは、記入する日を必ず決めます。月末なのか月頭なのか、とにかく決めましょう。

「３６５日の挑戦」をうまく活用すれば、必ずチーム強化と自分変革が可能となります。ノートを持っているだけではダメです。細かく書き込むこと、それを意識して日々過ごすことです。日々できることは小さいことかもしれませんが、積み重ねていけば誰にでも到達できない領域まで行くことができます。

本書で「あるべき姿」を知り、「３６５日の挑戦」で実践していく。そして、ひとりでも多くの指導者に「３６５日の挑戦」を愛用してもらえることを願います。

※野球指導者ノート「３６５日の挑戦」（税別５５００円）は、市販しておりませんので、ご注文される場合は左記エントモ事務局まで、メール願います。
support@entomo-office.com

おわりに

私の著書は5冊目になりますが、指導者に特化して書いた本は初めてです。前半の「こんな指導者はダメだ」という章では、耳の痛い言葉も多かったことでしょう。誰でも完全な人はいません。指導者は言行一致を選手に示したいものですが、本当に一致していなくても「一致させようとする姿」を見せることは、選手の信用を勝ち取っていきます。本書を通して、「ここが自分の修正ポイントだな」と自己把握したと思います。

どこで勝敗を決するのか……。

うまい選手が結果を残すのではなく、強い選手が結果を残していきます。ビハインドで迎えた終盤、大チャンスで固くなって身体が動かなかった選手。リードしていて迎えた終盤、最大のピンチで腰を引いてしまった選手。

夏大会までは強いと思っていた選手も、最後になるとイマイチだったのではないでしょうか。逆に、夏大会直前までは普通だった選手が、最後に覚醒して活躍するというパターンもあります。

最後の最後で活躍できる「強い選手」とはどんな選手なのでしょうか。様々な要素はあると思いますが、技術的にある程度のものを持っているのは当然ですが【ぶれない自分】（揺れない自分）であるかどうかです。

一般的に使われる言葉は「プレッシャーに強いか弱いか」ですが、強い選手はプレッシャーを飲み込んで力に変えていきます。プレッシャーを感じる場面では、相手も同じようにプレッシャーがかかっています。得点をする失点をしない、得点が絡むときは自分も敵も心が揺れ動きやすくなります。

プレッシャーに強くなれ！

今までの野球人生の中で、何度も指導者に言われ続けてきて親や家族からも言われてきた言葉です。プレッシャーに強くなれと願ってもなれるものではなりません。何をすれば強くなれるのかを選手であれば誰でも知りたいのです。

強豪私学に対し、公立高校が勝利するためには「ひとつのミス」も許されません。ミスをすれば能力ある選手たちは一氣に襲いかかってきます。弱者はノーミスで初めて互角に戦えるのです。

ミスが許されない……。

ミスに意識がいくようでは身体が動かずに縮こまります。最後の夏、高校野球の予選を何試合も観戦しましたが、厳しい場面で崩れていくチーム（選手）がたくさんいました。

本書の中で様々なヒントがあったと思いますが、チームとしても個人としても、

「厳しいに慣れる」

この一言に尽きます。

「厳しい」の真逆である「楽」を選択すると、面白いように色々な試練が襲いかかってきます。この試練は、なかなか乗り越えられない試練です。自分から求めていないで降りかかってきた試練は容易に乗り越えられません。しかし、自分から欲した厳しい（試練）は立ち向かう前提で飛び込んでいるので、苦戦しますが乗り越えていけるのです。

「自分から望むのか」
「仕方がなく降りかかってくるのか」

この二つはまったく違います。自分から厳しいを望む選手を作るためには、指導者自身も望んで挑んでいくことです。

自己変容の一歩目は、自分を知ること。

指導者となれば（監督であれば尚更）、周囲の誰かから何かを指摘されることはほとんどなくなります。不思議な負けなしとはよく言ったものですが、うまくいかない原因を自分に向けることで様々なものが改善していきます。

リーダーは我欲の塊です。自分のためだったものが、チームのため（選手のため）に変化したときに、長く入り込んでいたトンネルを抜け出せたりします。

自分に限っては……と誰しもが思います。自分を知ることで活路を見いだせた人も多いのではないでしょうか。

私は野球チーム指導や指導者育成を中心に活動していますが、企業への研修や講演も行っています。「自分のことを変えられるのは自分しかいない」とお話しします。周囲からきっかけを与えられても、次に自分で変えようと思わない人は同じことを繰り返します。選手に変わることを要求している指導者自身が、変わろうとしなければ選手も中途半端で終わります。

企業リーダーには言います。

「まずはあなたが変わらなければ組織は変わりません」

指導者からすると、この年齢で変わるのか……とマイナス感情がよぎりますが、本当に組織を良くしたい人は自己変容を常にしていくしかありません。現状維持・停滞は、坂道を転げ落ちていくのです。

成果を上げる指導者とは、チームを勝利に導き、選手を素晴らしい人材にしていける指導者です。これを機会に自己変容に拍車がかかれば嬉しい限りです。

さて、本書を繰り返し何度も読み返して欲しいと思いますが、重要なのは第5章に書かれている野球指導者ノート「365日挑戦」です。このノートを使うことで実際に自己変容していきます。本書は「きっかけ」です。重要なのはここからです。実践してかなければ何も起こりません。

①経験（実践）　⇓　②現状把握&修正

①②を繰り返して自己成長していくのです。成果を出せる指導者になるために本書を読み終わったあとに次のステップに速やかに移って欲しいと願います。

たくさんの指導者の手に本書が届くことを願います。ひとりでも多く、野球を通して社会で活躍できる人材を育成できる指導者が増えてくれたらと思います。最後まで読んでいただきありがとうございます。

遠藤友彦

【注１】秘密塾

全国で行われている野球指導者講座。チーム強化方法、選手育成、技術目安、試合戦略などを公開している。一般的には二夜連続（２時間半程度）×５ヵ月10講座で行われている。内容がじつに濃いので「エントモ会」の方々だけ参加できる。本氣で改革したい指導者が集う。小学生〜大学生までの指導者が主に参加。野球選手を持った保護者もいる。各地域で10名ほど集まれば開催可能。

【注２】考える野球ノート

エントモイズムが書かれている選手向けノート。自分で目標を決めて自分で確認する３６５日チェック型ノート。１週間に１回、指導者と保護者がコメントする欄があり交換日記のような要素もある。勉強時間、自主練習の管理もできて１日の記入は２分で書ける。当たり前の実践の目安が書かれており、選手ミーティングで題材にして選手の意識を深めているチームも。チーム全員がノートを持って、チームとして取り組んでいる。１冊税別１０００円

【注３】

エントモ考える野球ＤＶＤ

エントモイズムが３枚のＤＶＤに詳しく収録されている。１枚目は技術的な具体的目安を公開。２枚目は本番で力が発揮できるように「当たり前の実践」の映像。３枚目はエントモ流成果の出せるミーティングを解説付きで公開。試合後のミーティングの仕方によってチームは大きく変わるので必見。税別２９８００円（エントモ会員⇒税込２５０００円）

【注４】対応打ち

打者がストレートを待ちながら変化球が来れば対応して打つこと

【注５】エントモ会

毎月「エントモの独り言」（約40分）が会員に音声配信（隔月で映像配信）。エントモ会会員限定の「ライン講座」「考える野球ホームページ」が閲覧できる。ライン講座では全国各地の指導で共有したい技術的なことを配信。自チームの選手を動画で撮影しエントモからアドバイスをもらうことも可能。考える野球ホームページでは練習試合で学んだことなどを公開。戦略に関しても惜しみなく共有している。月額５０００円（税込）

遠藤友彦

Tomohiko Endou

1968年生　北海道札幌市出身

有限会社ゴーアヘッドジャパン　代表取締役

野球アドバイザー

通称：エントモ

小学4年生から本格的に野球チームに所属し、野球に打ち込む。高校卒業後、NTT北海道に捕手として入部。「考える」という強みを十分発揮し「考える野球」を構築。都市対抗全国大会で4年連続初戦本塁打を達成。現役16年間の打率は、3割4分1厘、本番に強くスランプのない野球人生をおくる。引退後は、北海道の野球を大きく変えた駒澤大学附属苫小牧高校野球部と深く繋がり、甲子園にて優勝・優勝・準優勝のサポートをする。甲子園では戦略・分析・メンタルの部分で活躍し、"駒苫の知恵袋"と言われた。プロ野球で活躍している田中将大投手も指導した。甲子園出場チームのサポートでは、勝率7割5分8厘と抜群の成績を収めている。現在は、全国で秘密塾（野球指導者塾）などの講演会の企画や運営を中心に、社員研修や企業講演、教育関係の講演も手掛ける。

著書に「考える野球」「当たり前基準」「準備力」などがある。

座右の銘は「風林火山」

エントモ公式ホームページ

「遠藤友彦の熱血！ 野球塾」

http://www12.plala.or.jp/endou27/

エントモ会

全国どこにいてもエントモイズムが学べる充実した会員制。毎月、エントモより刺激をお届けします。

〝継続〟〝深く〟〝成果〟をキーワードに良質の学びを提供します。


「他人の芝生が綺麗に見えるもの」

誰のマネでもなく、「自分が自分を磨く」ということをサポートしていく会です。

毎日の継続こそが、自分を少しずつ理想の方向へ導いていきます。

二種類のコースがあります♪

□ 一般コース（野球に関係のない方）　□ 野球コース（野球に携わっている方）

※毎月送られてくるもの（DVDは隔月）

□ 会報、エントモのひとり言（音声）　□ DVD　□ エントモ特製カレンダー
□ 特製振り返りシート

申込&料金の問合わせは…

http://www12.plala.or.jp/endou27/entomo_kai01.html

「考える野球」ホームページ

エントモ会会員のみ閲覧可　**※エントモ会会員の方は無料です。**

エントモが厳しく指摘する「エントモ観戦記」や、会員間での情報共有ができます。

野球関係者は見るべし。下記アドレスより登録！

http://www12.plala.or.jp/endou27/entomo_ky.html

秘密塾（野球指導者講座）

全国各地で行なっている野球指導向け講座。怪しいネーミングだが、

「秘密」なことをすべて公開している。

投手、捕手、守備、打撃、走塁、事前準備（分析）、指導に細かく分けて実施している。

8講座～12講座で完結するエントモイズムが完璧に学べる講座。

「弱者の戦い」や「考える野球」について詳しく伝えている。


日本全国どこでも人数が集まれば開講。

詳しくは、 http://www12.plala.or.jp/endou27/himitsu.html

著書の紹介

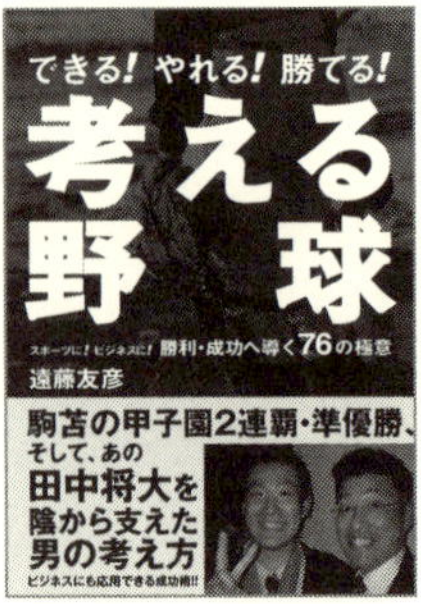

野球は心のスポーツだ！
勝利・成功へ導く
エントモの 76 の極意。

考える野球

定価 1,429 円（税別）
2007 年 2 月 1 日発行

準備なくして物事をスタートすると、
数々の困難に右往左往し自分を保てなくなります。
心を揺らすことなく、安定した状態で歩むためには
用意周到な【準備】が必要なのです。

準備力　実践する考える野球

定価 1,429 円（税別）
2012 年 5 月 10 日発行

ウガンダ国際交流活動を通して生まれた、
日本を救う！未来を豊かにする指針。
それが「当たり前基準」である。

日本を救う !!「当たり前基準」

定価 1,429 円（税別）
2008 年 5 月 1 日発行

このノートは市販されておりません。購入を希望される方は、
support@entomo-office.com まで、
ご連絡をお願いします。

選手向けノート

本番で活躍できる選手に
なるためのノートです。

考える野球ノート

A5判
定価 1,000 円（税別）
2013 年 2 月 1 日発行

指導者向けノート

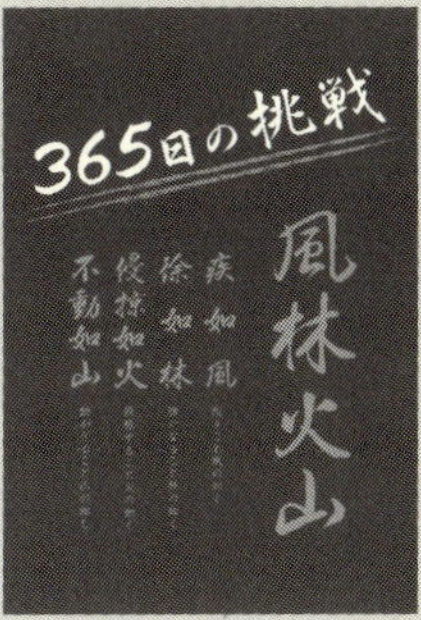

「選手の育成」と「チームの勝利」の
両方を手にする指導者に
なるためのノートです。

365日の挑戦

A4判上製本
定価 5,500 円（税別）
2016 年 9 月 15 日発行

【野球指導者バイブル】

初　刷 ―― 二〇一六年一〇月二〇日
著　者 ―― 遠藤友彦
発行者 ―― 斉藤隆幸
発行所 ―― エイチエス株式会社　HS Co., LTD.
064-0822
札幌市中央区北2条西20丁目1-12佐々木ビル
phone : 011.792.7130　fax : 011.613.3700
e-mail : info@hs-prj.jp　URL : www.hs-prj.jp
印刷・製本 ―― 中央精版印刷株式会社
乱丁・落丁はお取替えします。

ISBN978-4-903707-72-3